メンタルヘルス・マネジメント®

検定試験

公式テキスト

Ⅲ種

セルフケアコース

第5版

大阪商工会議所 編

Certification Test for Mental Health Management
Ⅲ [Self-Care Course]

中央経済社

メンタルヘルス・マネジメント®検定試験公式テキスト〔第5版〕
【Ⅲ種　セルフケアコース】

監修者・執筆者一覧　(所属，役職名などは〔第5版〕発行時点)

総 監 修
川上　憲人　東京大学大学院　医学系研究科　精神保健学分野　教授

監　　修
長見まき子　関西福祉科学大学　健康福祉学部　教授

執筆者

廣　　尚典	産業医科大学　名誉教授 産業精神保健実践研究所　所長	第1章1節
森　　晃爾	産業医科大学 産業生態科学研究所・産業保健経営学　教授	第1章2節
永田　頌史	産業医科大学 名誉教授	第2章1節❶〜❹
島津　明人	慶應義塾大学 総合政策学部　教授	第2章1節❺
津久井　要	港北もえぎ心療内科 院長	第2章2，3節
浜口　伝博	産業医科大学 作業関連疾患予防学　産業衛生　教授	第3章
松本　桂樹	株式会社ジャパンEAPシステムズ 代表取締役　臨床心理士	第4章
長見まき子	関西福祉科学大学 健康福祉学部　教授	第5章1節❶
大野　太郎	大阪人間科学大学 心理学部　心理学科　教授	第5章1節❷❸
栗岡　住子	桃山学院教育大学 人間教育学部　教授	第5章2節
森田　哲也	株式会社リコー リコーグループ総括産業医	第6章1，2節

編集協力
髙橋　　修　宮城大学　事業構想学群　教授
松本　桂樹　株式会社ジャパンEAPシステムズ　代表取締役　臨床心理士

はじめに

『メンタルヘルス・マネジメント検定試験　公式テキスト〔第5版〕』は，新型コロナウイルス感染症の流行（コロナ禍）の中での発刊となりました。コロナ禍は人々の働き方を大きく変化させ，結果としてコロナ禍以前に進んでいた働き方の多様化をさらに推し進めることになりました。これから企業のあり方，従業員の働き方はさらに大きく変化していくことでしょう。その中で職場のメンタルヘルス対策（メンタルヘルスケア）はますます重要になっていくと考えられます。

今日，職場のメンタルヘルス対策は2つの意味で企業にとって重要になっています。1つは，以前からその重要性が認識されているように，企業の社会的責任，過重労働による健康障害の防止のための安全配慮義務の履行といったメンタルヘルスの法令遵守とリスクマネジメントを着実に履行するためです。もう1つは，メンタルヘルス対策の推進により，生産的で活気ある職場を形成し，従業員の健康とエンゲイジメントを高めることで経営にも役立てようという視点です。この2つの重要性を理解した上で，職場のメンタルヘルス対策が進められる必要があります。

職場のメンタルヘルス対策は，専門家だけの手によって行われるものではありません。厚生労働省の「労働者の心の健康の保持増進のための指針」（2015年改訂）では，事業場が計画的にメンタルヘルスケアに取り組むことが重要であるとしています。この中で，産業保健スタッフや心のケアの専門家と連携して，事業者，人事労務管理スタッフ，管理監督者，従業員がそれぞれの役割を果たすことが重要であるとしています。このことは企業・組織にとっては自らの職場でメンタルヘルス対策を推進する基礎であるといえます。つまり，専門家も，専門家でない者も，それぞれの立場でメンタルヘルスについて学び，自らの役割を実践し，他の関係者と連携・協力することが大事なのです。こうした考え方を背景とし，大阪商工会議所では「メンタルヘルス・マネジメント検定試験」を開発しました。これは，人事労務管理スタッフおよび管理監督者，一般従業員を対象として，職場で必要なメンタルヘルスに関する知識と技術を学んでいただき，その理解度を問う検定です。これまでにのべ約24万人が合格

し，習得された知識を実際の現場で活かしています。

　本テキストは，この検定試験の到達目標に対応し関連する知識や技術について解説したものです。本テキストには，Ⅰ種（マスターコース），Ⅱ種（ラインケアコース），Ⅲ種（セルフケアコース）の3種類があり，それぞれが対応する検定試験の出題範囲と到達目標に準拠しています。Ⅰ種は，社内のメンタルヘルス対策の推進を担当する人事労務管理スタッフあるいは経営幹部向けの内容であり，自社の人事戦略・方針を踏まえた上で，メンタルヘルスの計画立案，産業保健スタッフや他の専門機関との連携，社員への教育・研修等を企画・立案し実施できることを目標としています。Ⅱ種は，部下のメンタルヘルス対策の推進を担当する管理監督者向けの内容であり，部下のメンタルヘルス不調に対し安全配慮義務に則って対応できるとともに，部下のメンタルヘルスを予防し，生き生きとした活気ある職場をつくるためのマネジメントについて学ぶことを目標としています。Ⅲ種は，従業員向けの内容であり，自らのストレスの状況・状態を把握することにより，不調に早期に気づき，自らケアを行い，必要であれば助けを求めることができることを目標としています。

　本テキストでは，心の健康問題の未然防止（一次予防）に重点を置きつつ，メンタルヘルス不調への早期の相談（二次予防），心の健康を損なってからの事後対策（三次予防）までを解説するとともに，企業における組織的なケアを促進するために，産業保健のみならず人事労務管理や経営の視点を重視している点が特徴です。この第5版では第4版発行以降の職場のメンタルヘルス対策の動向を盛り込むとともに，法制度や統計調査の結果を更新しています。また，ワーク・エンゲイジメントや，新型コロナウイルス感染症流行下での在宅勤務など最新の情報についても追加しています。

　本テキストが，従業員，管理監督者，人事労務管理スタッフ，経営者一人ひとりが自らの役割を理解し，ストレスやその原因となる問題に的確に対処されるとともに，生き生きとした活気ある職場づくりに向けて活動されるための助けとなることを願っています。

　2021年6月

総監修
川上憲人

はじめに

目
次

第4章　ストレスへの気づき方

目
次

目

次

第1章
メンタルヘルスケアの意義

　労働者を取り巻く職場環境は厳しい状況が続いており，現在6割近い労働者が仕事や職業生活に関して強いストレスを感じています。多くの企業で「心の病」が増加傾向を続けていると推測され，自殺者も，一時期よりは減少傾向にありますが，他の先進国と比較するとまだ高水準といえます。これらの状況は，まさに職場におけるメンタルヘルスケアの活動が求められるゆえんです。

　この章では，労働者のメンタルヘルスケアが求められるようになった背景に加えて，事業者が示す心の健康づくり計画の枠組み，そして労働者自身がストレスや心の健康問題に適切に対処することの重要性について解説します。

1 労働者のストレスの現状

　労働者を取り巻く職場環境は厳しい状況が続いており，労働者のストレス，心の健康問題が深刻化しているとの報告，指摘が多方面からなされています。

❶ 労働者のストレスの現状

　いくつかの大規模調査の結果から，労働者のストレスを巡る現況をうかがい知ることができます。

　厚生労働省による「労働安全衛生調査」（2018年）の結果報告[1]によると，「仕事や職業生活に関することで，強いストレスとなっていると感じる事柄がある」労働者の割合は，58.0％（男性59.9％，女性55.4％）となっています（図表1）。就業形態別にみると，正社員61.3％，契約社員55.8％，パートタイム労働者39.0％，派遣労働者59.4％でした。原因としては，男女とも「仕事の質・量」，「仕事の失敗，責任の発生等」，「対人関係（セクハラ，パワハラを含む）」が高率となっており，他に男性では「役割・地位の変化等」，「会社の将来性」が，女性では「雇用の安定性」も多く回答されています（図表2）。また，それについて相談できる相手がいるのは92.8％（男性91.2％，女性94.9％）で，相手は男女とも，家族・友人79.6％（男性77.8％，女性81.9％），上司・同僚77.5％（男性80.4％，女性73.8％）が多くなっていました。

❷ メンタルヘルスケアの意義と重要性

① 心の健康問題の増加

　ストレス過多の状態が続くと，心身の健康障害が生じやすくなります。

　2018年の「労働安全衛生調査」（事業所調査）の結果によると，過去1年間

図表1 「仕事や職業生活に関することで，強いストレスとなっていると感じる事柄がある」労働者の割合

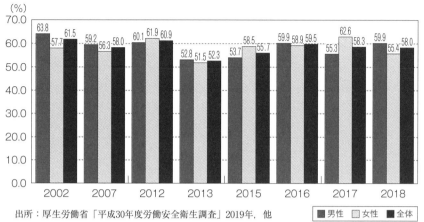

出所：厚生労働省「平成30年度労働安全衛生調査」2019年，他

■男性 □女性 ■全体

図表2 仕事や職業生活に関する強いストレスの原因

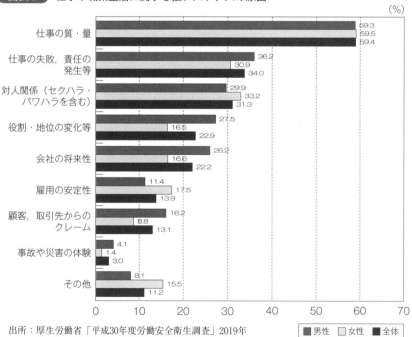

出所：厚生労働省「平成30年度労働安全衛生調査」2019年

■男性 □女性 ■全体

にメンタルヘルス不調により連続１ヵ月以上休業した労働者がいた事業所の割合は6.7％（50人以上の事業所に限ると26.4％），退職した労働者がいた事業所の割合は5.8％（50人以上の事業所では14.6％）でした（**図表３**）。

公益財団法人日本生産性本部が全国の上場企業を対象として継続的に実施している調査の結果からは，2000年以降，多くの企業で「心の病」が増加傾向あるいは増加後横ばいを続けていると推測することができます。2019年の調査では，32.0％の企業が最近３年間で増加傾向にあると回答していました（減少傾向にあると回答していたのは10.2％）[2]。

心の病気を発症すると，大半の例で作業効率が低下します。長期にわたる休業が必要となることも少なくありません。また，それによって周囲の負担が増えたり，チーム全体の成果が落ちたりすることで，職場の雰囲気や活力にも影響が及びがちです。

2011年，厚生労働省は，職場でのうつ病，高齢化にともなう認知症の増加な

図表３ 過去１年間にメンタルヘルス不調により連続１ヵ月以上休業，退職した労働者がいる事業所の割合

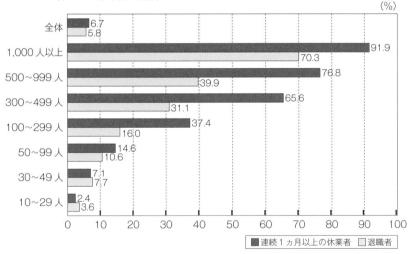

出所：厚生労働省「平成30年度労働安全衛生調査」2019年

ど，心の健康問題がこれまで以上にわが国全体の取り組むべき大きな課題になっていることを受け，地域医療の基本方針となる医療計画に盛り込む疾病として，がん，脳卒中，急性心筋梗塞，糖尿病に精神疾患を加えて，「五大疾病」とする方針を打ち出しています。

② 自殺と心の健康問題

　わが国の自殺者数は，1998年に急増し，それ以降2011年に至るまで，14年連続で3万人を超えていました。2012年には，2万7,858人と3万人を下回り，以後は減少傾向にありますが，まだ年間2万人以上が自ら命を絶っています（2019年は2万169人，2020年は少し増加し2万1,081人）（警察庁による統計）。被雇用者・勤め人に限ると，2019年は6,202人でした[3]。

　自殺はさまざまな原因からなる複雑な現象であり，単一の原因だけですべてが説明できるものではありませんが，自殺直前には大半の例で精神健康面に問題があることが指摘されています。過労自殺例，労災認定例は，仕事に起因するストレスや過労を主因として，うつ病などの「心の病」を発症し，自殺に至ったとみなされた例であるといえます。

　自殺対策として，2006年に「自殺対策基本法」が制定され，翌年には政府が推進すべき対策の指針をまとめた「自殺総合対策大綱」が策定されました。この大綱は，5年を目安に見直されることになっており，2012年，2017年に改定がなされました。同法では，事業主に対して，国や地方自治体が実施する自殺対策に協力するとともに，労働者の心の健康の保持増進を図る取り組みを求めていましたが，2016年の改正によって，関係団体との連携，心の健康に関する教育・啓発の推進が強調されました。労働者にも，それらの関与，理解が期待されます。

❸ メンタルヘルス指針とセルフケア

　職場には，個々の労働者の努力だけでは軽減させることが極めて困難なストレス要因が数多く存在します。その対策を計画，実施することは，経営層や管

理監督者の役割といえます。

　しかしながら，健康の保持増進には，セルフケアの取り組みも不可欠です。これは，精神面も身体面も同様です。同じような仕事面のストレス要因があっても，誰もが一様にストレスを受け，それによる健康障害をきたすわけではありません。第4章および第5章で解説するように，労働者1人ひとりがストレスから身を守るために実践できることも多いものです。そのため，2006年3月に厚生労働省から公表された「労働者の心の健康の保持増進のための指針」では，職場におけるメンタルヘルス対策の具体的な取り組みを4つに分類し，そのひとつとして，セルフケアを掲げています（**巻末資料3**参照）。

　前出の「労働安全衛生調査」（2018年）の結果によれば，メンタルヘルス対策に取り組んでいる事業所の割合は59.2％と，この5年ほどはほぼ横ばいを続けており，従業員規模の大きい事業所群ほど取り組んでいる割合が高い傾向にあります（**図表4**）。実施内容としては，労働者のストレスの状況などについ

図表4 メンタルヘルス対策に取り組んでいる事業所の割合

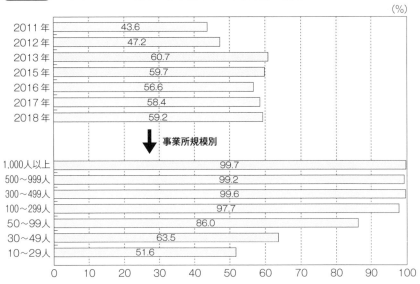

出所：厚生労働省「平成30年度労働安全衛生調査」2019年，他

ての調査票を用いた調査（ストレスチェック）（62.9％），労働者への教育研修・情報提供（56.3％），事業所内での相談体制の整備（42.5％），健康診断後の保健指導におけるメンタルヘルスケアの実施（36.3％），メンタルヘルス対策の実務を行う担当者の選任（36.2％），職場環境等の評価および改善（32.4％），管理監督者への教育研修・情報提供（31.9％）が多くなっていました。これらの多くは主としてセルフケアの推進を狙いとする活動であり，多くの事業所でセルフケアを充実させる動きがみられていることになります。

2 メンタルヘルスケアの方針と計画

❶ メンタルヘルスケアに関する事業者方針の意義

メンタルヘルスケアに関する方針を事業者が表明することによって，活動の推進に結びつくことが期待されます。

企業は，人と資産で構成された事業体であり，人には意思と感情が存在します。そして，事業者からみれば限られた人的資源と資本をいかに配分するかが仕事であり，管理監督者を含む従業員にとっては自分の時間と労力をいかに配分して求められる成果を上げるかが評価に直結します。そのため，少なくとも，

- ・企業の事業活動にとっての重要性
- ・自分の評価との関連性

は，組織や個人にとって仕事を積極的に行おうとするモチベーションにつながり，仕事の優先順位に影響します。

組織のトップが明確な意思を表明すれば，少なくとも事業活動における位置づけを明確にしたことになりますから，「どうしてそんな仕事をしなければならないのか」という抵抗に対して，「社長（部門長）が，表明している方針を実行することだから」と説明することができます。また，それぞれの従業員にとっても，その活動に一定の時間を割く正当性が存在することになるため，安心して取り組むことができます。

メンタルヘルスケアの方針の例として，以下のような内容が考えられます。

> A社は，以下の事項を基本方針として，メンタルヘルスケアを継続的に実施する。
> - ・従業員が働きやすい職場づくりを推進し，ストレスに関連する健康影響のリスクを低減することが，会社の発展と従業員の福利に不可欠で

あると考える。

・従業員のセルフケアと経営者を含むラインによるケアを総合的に展開する。

・本プログラムで得られた従業員の情報は，プライバシーに十分に配慮して適切に扱う。

この方針は，事業者がメンタルヘルスケアの重要性の認識を示した上で，プライバシーに配慮しながらも，職場全体を巻き込んでの対策を継続的に実施する意思を明確に表現したものと解釈することができます。

一般に，方針は，関係するすべての人に周知することが重要とされていますので，方針を確認して，事業者がメンタルヘルスケアにおいて何を大切にしているかについて理解しましょう。

❷ 心の健康づくり計画

メンタルヘルスケアが，職場内で継続的に展開されるためには，その体制・仕組みがシステムとして構築され，その実施が具体的な計画に盛り込まれ，計画に沿って活動が実施される必要があります。厚生労働省の「労働者の心の健康の保持増進のための指針」では，「心の健康づくり計画」で定める事項として以下のものを挙げています。

① 事業者がメンタルヘルスケアを積極的に推進する旨の表明に関すること
② 事業場における心の健康づくりの体制の整備に関すること
③ 事業場における問題点の把握及びメンタルヘルスケアの実施に関すること
④ メンタルヘルスケアを行うために必要な人材の確保及び事業場外資源の活用に関すること
⑤ 労働者の健康情報の保護に関すること
⑥ 心の健康づくり計画の実施状況の評価及び計画の見直しに関すること
⑦ その他労働者の心の健康づくりに必要な措置に関すること

なお、2006年に公示されたこの指針は、ストレスチェックの義務化を受けて2015年に改正されており、心の健康づくり計画において、ストレスチェック制度の位置づけを明確にすることが望ましいとされています。

① 心の健康づくりの体制と役割

心の健康づくりの体制としては，メンタルヘルスケアに関する方針を達成するために必要な役割や手順を文書として定め，さらにその手順を実施できる人材を育成する必要があります。

一般に，メンタルヘルスケアにおける従業員の役割は，

① 安全衛生委員会やその他の対策を検討する機会に積極的に参画すること
② 教育研修の機会を利用して，セルフケアについての技術や知識を得るとともに，ストレスチェックの結果を参考にセルフケアに努めること
③ 事業場に存在するメンタルヘルスケアにおける各種手順やルールを理解して，適切な対応をすること

などです。

事業場の心の健康づくり計画を理解して，自らの役割を果たす努力をしましょう。

② 心の健康づくり計画の実施と評価

心の健康づくり計画に基づき，継続的に実施されるためには，具体的な目標の設定，目標を達成するための計画の策定と実施，目標の達成度の評価を行うことが必要となります。

目標は評価項目と具体的な達成目標からなります。また方針は，目的を具体的に表明できる形式で表したものですから，目標は方針との関連が明確である必要があります。

例えば，前述の方針の場合には，少なくとも，

・働きやすい職場形成がどの程度達成できたか
・ストレスに関連する健康影響のリスクがどの程度低減できたか
・"セルフケア"および"ラインによるケア"のプログラムがどの程度実施

されたか

・プライバシーへの配慮は適切にされているか

といった事項を評価できる指標が必要となります。そして，達成目標を具体的な数値として，活動の成否が明らかになるように設定することが望ましいでしょう。

例えば，「自分の職場は働きやすい環境である」と答えた従業員の割合が70％以上といった具合です。仮に，さまざまな活動を行った結果でも，この指標が60％でしたら従業員のニーズを十分に理解していない可能性があるので，もう一度調査を行い，より働きやすい職場環境の形成に向けての改善を行うことになります。

目標を達成するために立てられる具体的な計画は，通常，施策の内容と年間計画といった期間を定めた計画として策定されます。また，その進捗状況を毎月開催される衛生委員会（または安全衛生委員会）で確認していく必要があります。年間計画には，通常，教育やリスク評価の実施などの具体的な実施事項に関する項目が盛り込まれます。しかし，心の健康づくりについて，改善しながら継続的に実施していくためには，同時に，計画立案，目標の設定，評価の実施，文書類の改訂など，システムを維持改善するための内容についても，計画に盛り込むことが望ましいでしょう。

このように，心の健康づくり計画における目標や計画は，事業者が方針を達成するための具体的な方策を示したものであり，それらの達成に向けた努力を積み重ねることによって方針の実現につながります。メンタルヘルス対策が成果を上げるためには，従業員1人ひとりが受け身にならず，積極的に役割を果たすことが重要ですが，その基本となる目標や計画を確実に理解しましょう。

以上，述べてきた心の健康づくり計画とは，メンタルヘルスケアに関するマネジメントシステムとみなすことができます。確かに，現在の職場では，メンタルヘルスに関する課題がクローズアップされていますが，職場で扱う労働者の健康に関連した課題にはさまざまなものがあり，実際の職場ではそれぞれの課題が個別に存在するのではなく，メンタルヘルスケアも安全衛生活動の一部を構成することになります。

【参考文献】
1）厚生労働省「平成30年『労働安全衛生調査（実態調査)』の概況」2019年
2）日本生産性本部メンタルヘルス研究所「第9回『メンタルヘルスの取り組み』に関する企業アンケート調査結果」2019年
3）警察庁「令和2年中における自殺の概要資料」2021年

第**2**章

ストレスおよび
メンタルヘルスに
関する基礎知識

　ストレスやメンタルヘルス不調は今や身近な問題となっていますが，それに対して正しい知識や理解が普及しているかと問われると，いまだ不十分といわざるを得ません。今日においてもなお，心の健康問題に関する偏見は根強く残っており「単なる気のもちよう」として片づけてしまう人もいます。また，時代の流れや働き方の変化にともなって，新たなメンタルヘルス不調の動向が生じていることも事実です。

　この章では，ストレスを構成するキー概念やメカニズムを理解したうえで，メンタルヘルス不調の基礎知識をもち，かつ心の健康問題への正しい態度を身につけることで，セルフケアの基礎を理解します。

1 ストレスの基礎知識

❶ ストレスとは

　ストレスに関して，学問的に確立された定義はまだありませんが，ストレス研究の領域では職場や家庭での人間関係，長時間労働や過重な責任の発生など，個人にとって負担となる出来事や要請をストレッサー（ストレス要因）と呼び，ストレッサーによって引き起こされた不安やイライラ感，不満や怒り，抑うつ気分などの精神症状と疲労感，食欲不振，胃痛，下痢，不眠などの身体症状，喫煙や飲酒量の増加などの行動の変化を含めてストレス反応と呼び，この両者を合わせたものをストレスと総称しています。ストレス反応が持続して症状として固定すれば，うつ病，高血圧症，胃・十二指腸潰瘍，心筋梗塞などのいわゆるストレス病になります[1) 2)]。

　しかし，一般的には，多くの場合，両者を区別することなく単にストレスと呼んでいます。ストレスが多いといった場合，ストレッサーが多いことを示し，ストレスでイライラするといった場合，ストレス反応を示します。

　ここでは区別して用いますが，日常社会で一般的に使われている表現については，そのまま用いることがあります。

❷ ストレスによる健康障害のメカニズム

　ここではストレッサーに直面したとき生じるストレス反応と，これが持続して健康障害が起こる過程について述べます[1) 2)]（**図表1**）。個人にとって負担を引き起こす出来事に直面すると，脳の海馬などに蓄積されたこれまでの経験や記憶に照らし合わせて，その負担の大きさや困難性，苦痛の程度などが大脳皮質で評価され，ストレスとして認知されます。これらの情報は感情の中枢で

図表1　ストレスによる健康障害のメカニズム

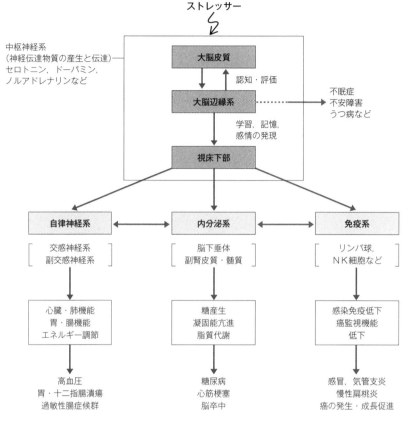

ストレッサー

中枢神経系
（神経伝達物質の産生と伝達）
セロトニン，ドーパミン，
ノルアドレナリンなど

大脳皮質

認知・評価

大脳辺縁系 ┈┈┈┈→ 不眠症
不安障害
うつ病など

学習，記憶，
感情の発現

視床下部

自律神経系	内分泌系	免疫系
交感神経系 副交感神経系	脳下垂体 副腎皮質・髄質	リンパ球， NK細胞など
心臓・肺機能 胃・腸機能 エネルギー調節	糖産生 凝固能亢進 脂質代謝	感染免疫低下 癌監視機能 低下
高血圧 胃・十二指腸潰瘍 過敏性腸症候群	糖尿病 心筋梗塞 脳卒中	感冒，気管支炎 慢性扁桃炎 癌の発生・成長促進

出所：筆者作成

　ある大脳辺縁系に伝達されて，不安や不満，怒り，悲しみなどの感情を引き起こすとともに，ストレス反応を軽減するための何らかの行動（ストレスコーピング）も引き起こします。

　また，大脳辺縁系の神経細胞が刺激されると感情が生じますが，その刺激は視床下部に伝えられて自律神経系，内分泌系，免疫系の反応（ストレス反応）を引き起こします。

ストレッサーに直面して生じるさまざまな感情は，脳内の神経伝達物質によって引き起こされます。これらの神経伝達物質は，不安や抑うつ気分，意欲，活動性などと密接に関係しており，これらの神経伝達物質の産生や伝達が障害されるとうつ病や不安障害などのメンタルヘルス不調が生じます。

　ストレス状態で，内分泌系の中枢である視床下部の神経細胞が活性化されると，脳下垂体，副腎を刺激するホルモン類が産生されます。これらのホルモン類には糖の産生の促進，胃酸分泌の促進，免疫反応の抑制作用などがあります。したがって，糖尿病や胃・十二指腸潰瘍の発症を促進し，感染症にかかりやすくなります。

　これらのホルモンのうち，アドレナリンは強いストレス状態のときや不安を感じる状況で分泌されますが，血圧や心拍数の増加，血液凝固の促進，中枢神経覚醒作用などの作用があり，高血圧や狭心症，心筋梗塞，不整脈，脳卒中などの原因となります。また，中枢神経系を興奮させるので不眠の原因ともなります。

　自律神経系の中枢も視床下部にあり，感情の中枢である大脳辺縁系とは距離的にも近く，多くの神経のネットワークで連絡されています。怒りや不安を感じるときに動悸がしたり，抑うつ気分のときに食欲がなくなるのは，感情と自律神経系が密接に関係していることを示しています。

　自律神経系には，交感神経系と副交感神経系があり，身体諸器官はこの両方の支配を受けています。生命の危機などの強いストレッサーに直面すると，交感神経系が優位になり，先に述べたアドレナリンが血中に放出されます。これらの作用については先に述べました。

　一方，副交感神経系の働きは交感神経系とは逆に，睡眠や休息時，食後などエネルギー補給の際に優位になります。副交感神経系は消化器の機能も調整しており，胃・十二指腸潰瘍や下痢，腹痛，便通異常を特徴とする過敏性腸症候群などの発生に関係しています。

　免疫系は感染，がんの発生などに関与しています。仕事や試験などで過労や睡眠不足，心理的葛藤などのストレス状態が長く続いたときなどに，感冒に罹患したり，ヘルペス（帯状疱疹）や慢性扁桃炎など，通常は免疫で抑えられて

いる病気が悪化したりすることがよく観察されます。また，ストレス状態では
がんの成長が促進されるという報告もあります。これは，ストレス反応時に分
泌されたホルモンの一部が免疫反応を担うリンパ球やナチュラルキラー（NK）
細胞の働きを抑えるからです。

　これまで述べた内分泌系，自律神経系，免疫系は互いに関連しており，協働
して生命を守り，通常の身体活動を維持するのに必要な生体のバランスを保つ
生命維持のための機構ですが，急性の強いストレス，持続的な慢性ストレス状
態では，内分泌系，自律神経系の機能が亢進した状態になり，免疫系が抑制さ
れ，身体のバランスが保たれなくなり，先に述べたような病気が発生します。
これらがいわゆるストレス病と呼ばれるものです[1]。

❸ 産業ストレス

　近年，産業・経済のグローバル化，技術革新・情報化の進展により，企業間
競争は激しくなり，多くの企業は経営効率を上げるために構造改革を進め，年
功制や終身雇用制を廃止して成果主義を導入し，マネジメント強化などを進め
ています。政府による働き方改革の推進と新型コロナウイルス感染拡大で導入
が急速に進んだテレワークなど，オンラインツールの活用によって，従来の働
き方やビジネスのあり方，家族のあり方まで変わりつつあります。私たちは従
来の常識を変え，ニューノーマル（新しい常識，常態）への転換（意識改革）
が求められています。テレワークの導入は労働者の自由な働き方を促進しまし
たが，一方ではコミュニケーション機能の低下，業務管理や勤怠管理の難しさ
が生じ，在宅での孤立感，生活習慣の乱れによる生活習慣病の増加などが懸念
されています。ウィズコロナ，ポストコロナ時代に向けて，業種や業務内容に
応じた最適のマネジメント方策をつくり上げていく必要があります。こうした
急速な構造的変化にともなう労働環境の変化は，個々の労働者のストレスを増
していると考えられています[3]~[7]。一方，少子化，高学歴化により個人主義
傾向が強く，対人関係のスキルが不足した若年労働者の増加もみられ，これら
のことも考慮したマネジメント体制が必要になっています[5]。

以下の調査や統計には，2020年に発生した新型コロナウイルス感染拡大やテレワークの影響は反映されていませんが，仕事に関するストレスを自覚している労働者の割合は，2018年の厚生労働省の「労働安全衛生調査」[7]では58.0％となっています。自殺者総数も1998年以降2011年までは3万人を超えていました。2019年には2万169人と減少しましたが，2020年は2万1,081人となり再び増加傾向がみられています。わが国の自殺率は国際的にみるといまだ高い状態が続いています[8]（第1章1節参照）。被雇用者・勤め人の自殺件数も6,202人となっています。

　業務による精神障害の労災請求件数や支給決定件数は年々増加し，2019年度はそれぞれ2,060件，509件でした。これに対し，脳・心臓疾患（いわゆる過労死）の労災請求件数や支給決定件数は，それぞれ936件，216件でした。

　職場のストレス要因としては多くの種類（**図表2**）がありますが，企業間競争の激化や，情報化・IT化，サービス化の進展を反映して，研究開発部門，システムエンジニア，企画・管理部門，営業部門で働く人の質的・量的労働負荷が増える傾向にあります。

　職場の人間関係の問題に含まれますが，最近社会的に関心が高いハラスメントの問題として，パワーハラスメント，セクシュアルハラスメント，マタニティハラスメントがあります。労働施策総合推進法第30条の2に記載されているパワーハラスメント（パワハラ）の定義を**図表3**に示します[9]。内容によって，①暴行など「身体的な攻撃」，②暴言など「精神的な攻撃」，③無視など「人間

図表2　職場のストレッサー（ストレス要因）

> 1. 仕事の質・量の変化（仕事内容の変化，長時間労働，IT化など）
> 2. 役割・地位の変化（昇進，降格，配置転換など）
> 3. 仕事上の失敗・過重な責任の発生（損害，ペナルティーなど）
> 4. 事故や災害の発生（自分や周囲のケガ，損害など）
> 5. 対人関係の問題（上司や部下，同僚との対立，いじめ，ハラスメント）
> 6. 交替制勤務，仕事への適性，職場の雰囲気，コミュニケーション，努力ー報酬不均衡など
> 7. 新しい技術やシステム（テレワークなど）の導入

出所：筆者作成

図表3 パワーハラスメントの定義

> 職場において行われる優越的な関係を背景とした言動であって，業務上必要かつ相当な範囲を超えたものによりその雇用する労働者の就業環境が害されること（労働施策総合推進法第30条の２）
>
> ＊条文にあるように，①優越的な関係を背景とした言動，②業務上必要かつ相当な範囲を超えたもの，③労働者の就業環境が害されるもの，この３要素をすべて満たすものをパワーハラスメントと定義した。

関係からの切り離し」，④実行不可能な仕事の強制など「過大な要求」，⑤能力とかけ離れた難易度の低い仕事を命じるなど「過小な要求」，⑥私的なことに過度に立ち入る「個の侵害」に分類されています。パワーハラスメントの定義ができたことにより，精神障害の労災認定基準にも出来事の類型にパワーハラスメントの項目が追加されました。

2016年に厚生労働省が行ったパワハラの発生と対策に関する実態調査[10] では，過去３年間にパワハラの相談を受けた企業が36.3％，パワハラを受けた労働者が32.5％で，対策を行っている企業が52.2％であったことが報告されています。また，効果のある取り組みとして，相談窓口の設置，管理職および一般職向けの研修を複数回実施することが挙げられています。

マタニティハラスメント（マタハラ）は，働く女性が妊娠・出産を理由に解雇・雇止めをされることや，妊娠・出産に当たって職場で受ける精神的・身体的なハラスメントを指します。セクシュアルハラスメントとともに女性の活躍を阻害する要因となっており，改善を促進するためには法的対策もとられていますが，詳しくは次項❹の⑤で述べます。

職業性（産業）ストレスモデルとして，多くのモデルが提唱されていますが，最も包括的なモデルである米国立労働安全衛生研究所（National Institute for Occupational Safety and Health：NIOSH）の職業性ストレスモデル（**図表４**）を紹介します[11]。これは，職業にともなうさまざまなストレッサーと，ストレッサーによって引き起こされるストレス反応と病気への進展を横軸として，この反応過程に影響を与える個人的要因，家庭の問題など仕事以外の要因，上司や同僚，家族からの支援などのストレスを緩和する緩衝要因が取り入れられています。

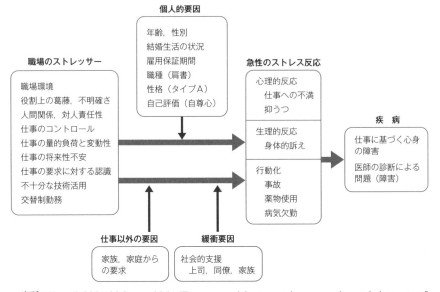

図表4 NIOSH職業性ストレスモデル（Hurrell, McLaney）

個人的要因
年齢，性別
結婚生活の状況
雇用保証期間
職種（肩書）
性格（タイプA）
自己評価（自尊心）

職場のストレッサー
職場環境
役割上の葛藤，不明確さ
人間関係，対人責任性
仕事のコントロール
仕事の量的負荷と変動性
仕事の将来性不安
仕事の要求に対する認識
不十分な技術活用
交替制勤務

急性のストレス反応
心理的反応
　仕事への不満
　抑うつ
生理的反応
　身体的訴え
行動化
　事故
　薬物使用
　病気欠勤

疾病
仕事に基づく心身
の障害
医師の診断による
問題（障害）

仕事以外の要因
家族，家庭から
の要求

緩衝要因
社会的支援
　上司，同僚，家族

出所：Hurrell, J.J.Jr., McLaney, M.A., "Exposure to job stress：A new psychometric instrument"
Scand. J Work Environ Health 14（suppl. 1），1988, pp. 27-28より引用

　職場のストレッサーによって個人に心理的負荷がかかると，何らかのストレス反応が出現します。職場のストレス要因が非常に強い場合や職場以外のストレス要因を含め，いくつか重なったとき，あるいは長期にわたって持続して，個人が耐えられる限界を超えたときに，何らかの健康障害が発生します。

　ストレス反応の強さは，年齢，性別，性格や行動パターン，自己評価などの個人的要因の影響を大きく受けます。タイプA性格（行動特性）の人は，競争的・野心的・攻撃的で出世欲や時間に対する切迫感が強く，高血圧や心筋梗塞などの冠動脈疾患になりやすいことが知られています。上司や同僚，家族など周囲からの支援はストレス反応や健康障害の発生を防ぐ緩衝要因となります。健康障害としては，うつ病や適応障害などのメンタルヘルスに関係した疾患，高血圧や脳卒中，心筋梗塞などの脳・心臓疾患などがあり，その最悪のケースが，過労自殺や過労死であるといえます。

このモデルは職業性ストレスに関する膨大な研究報告をもとにしてつくられた仮説ではありますが，包括的で職場のストレスと病気の発生の関係を総合的に理解し，職場のメンタルヘルス対策を進めていく上でも参考になります。

❹ ライフサイクル，女性労働，雇用形態とストレス

年齢層の区分は出典によって異なりますが，ここでは若年とは15歳から30歳代前半，壮年とは30歳代後半から45歳くらいまで，中高年とは45歳くらいから65歳くらいまでを指し，高年齢とは65歳以上を指します。

① 新入社員，若年労働者のストレス

新入社員の場合，自由度が高く親からの経済的援助が得られた学生生活から一転して，会社から給与をもらって，上司や同僚と協働で責任のある仕事を遂行することになります。チームの一員として，協調性や役割の遂行，責任が求められ，人間関係や役割にともなう葛藤が生じる機会が増えます。

また，業務内容や労働条件，人間関係や処遇に対する不満などから，2017年卒業の大卒者では約32.8％，高卒者では約39.5％の新入社員が，就職後3年以内に転・退職していることが厚生労働省「新規学卒就職者の離職状況（平成29年3月卒業者の状況）」（2020年10月発表）に報告されています。

最近，若年労働者の一部ではありますが，自己愛が強く，協調性や忍耐力が乏しく，仕事がうまく進まないときは自分のせいより他人のせいにする傾向が強く，人格的に未成熟で仕事上の役割や人間関係の問題で容易にメンタルヘルス不調に陥り，休業する事例が増えていることが指摘されています。このような事例に対しては，これらの特徴を把握した上で企業人としての教育・育成が必要となります[5]。

この年代では，親からの自立，異性との交際などにともなうストレスを体験する人も増えてきます。精神的成長が促される時期でもあります。

② 壮年労働者のストレス

　壮年期の労働者は研究開発や生産現場，システム開発，営業販売などの第一線の担い手であり，中堅社員として仕事の負担が増え，過重労働が問題になりやすい年代でもあります。昨今は管理職の若年化の流れの中で，若年マネジメント層のほとんどがプレーイングマネージャーであり，壮年労働者層は実務遂行力と戦略立案，方向性指示力の双方が求められるために，業務内容が複雑化，高度化してストレスが増えていると考えられています。その結果として，この世代の負担が増えて，メンタルヘルス不調や自殺の発生頻度が高くなっていることが指摘されています。

　また，この年代の労働者は，同種の他企業から即戦力として中途採用されることも少なくありません。その場合，社風や仕事の進め方，評価制度の違いなどに対する戸惑いや不満，新しい職場での人間関係の問題などが発生しやすく，メンタルヘルス不調に陥る社員もみられます。移籍した労働者，受け入れる企業の双方に，これらの問題への考慮，対策が必要と思われます[1) 4) 7) 8)]。

　この年代では，家庭をもつ人も増え，家庭における役割も担うことになります。家庭のストレスが業務遂行に影響し，職場のストレスが家庭生活に影響を及ぼすことが知られています。ワーク・ライフ・バランスがとれていることは，ストレスによる健康障害を予防することにもなります。

③ 中高年労働者や管理職のストレス

　中高年労働者の特徴として，体力，記憶力，新しい環境への適応力が低下してくることなどの心身の機能の衰えに直面すること，一方で経験や実績を評価されて職場で指導的立場に就く人が増えることが挙げられます[1) 4)]。

　管理職になった人には，業績が求められ，部下を管理監督することになりますが，昇進したものの業績が上がらない，仕事内容が変わり不慣れでうまくやれない，部下を指導・管理することができないなどの理由で，ストレスを感じてメンタルヘルス不調に陥る人がいます。管理監督者は，部下の業務の管理やメンタルヘルス不調を早期に発見し，対処する立場にもありますが，自分自身の健康管理にも配慮する必要があります。

一方，家庭では，子供の受験，進学や卒業，自立にともなう問題や親の介護などにともなうストレスも増えてきます。家庭内での役割分担や協力が一層必要になる年代です。

④ 高年齢労働者のストレス

「高年齢者雇用安定法」により現在65歳までの雇用が義務づけられていますが，2020年の改定により，70歳までの就業機会を確保するための措置を行うことが事業主の努力義務となり，2021年4月1日より施行されました[12]。わが国では少子高齢化が急速に進みつつあることから，経済社会の活力を維持し，年金問題を解決するために必要な対策だと考えられます。このような背景もあって，高年齢労働者は今後も増えると考えられます。

これらの世代を対象とした，今後の就労意欲に関する国際比較調査「平成27年度第8回高齢者の生活と意識に関する国際比較調査結果」[13]では，調査対象国の中では，日本（44.9％），米国（39.4％），スウェーデン（36.6％），ドイツ（22.7％）で，日本が最も高いことが分かります。

高年齢者では，反射神経機能や新しいことを覚える記銘力，記憶したことを思い出す想起力は低下します。また，新たな環境・問題への適応や解決策を模索する場面などに活かされる情報を獲得し処理する能力（流動性知能）は，40歳頃をピークに加齢にともない低下する一方で，知識や経験を活かして総合的に判断する能力（結晶性知能）は80歳に至るまで，経験とともに上昇を続けることが知られています[6]。

これらの高年齢労働者の特性を考慮した職務設計と処遇を考えることや，高年齢労働者自身とこれらの労働者を管理する立場の管理監督者双方に対する教育研修を行うことが必要と考えられます。

また，この年代は体力の衰えのほかに，親の介護や親族の死，自分の持病などにともなうストレスも増えてきます。自分自身の心身両面での健康管理が一層必要になります。

⑤ 女性労働者のストレス

女性労働者のストレスは大きく分けて，①職場におけるストレス（役割にともなう通常のストレス，セクシュアルハラスメント（セクハラ），パワーハラスメント（パワハラ），マタニティハラスメント（マタハラ）などのハラスメントを含む人間関係のストレス，キャリアストレス，出産後の復職にともなうストレス，非正規雇用などの雇用形態にともなうストレス），②家庭におけるストレス（ワーク・ファミリー・コンフリクト，家庭内暴力（DV）やモラルハラスメント（精神的暴力，嫌がらせなど）を含む家庭内の人間関係の問題，育児や介護ストレス），③月経痛，月経前症候群，更年期障害，出産にともなう精神的・身体的疲労と出産児のケアなど女性特有の生物学的特性にともなうストレス，などに分けられます[14) 15) 16)]。

前出の労働安全衛生調査[7)]によれば，「仕事や職業生活に関することで，強いストレスとなっていると感じる事柄がある」と回答した労働者は女性が55.4％，男性が59.9％となっていますが，その内容のうち，「対人関係（セクハラ・パワハラを含む）」（女性33.2％，男性29.9％），「雇用の安定性」（女性17.5％，男性11.4％）では，女性の割合が高くなっています。

2019年に労働施策総合推進法（旧・雇用対策法）が改正され，職場におけるパワーハラスメントの防止対策が事業主に義務づけられました（中小企業は2022年4月1日から義務化）。男女雇用機会均等法および育児・介護休業法においてもセクシュアルハラスメントや妊娠・出産・育児休業などに関するハラスメント（マタニティハラスメント）にかかる規定の一部が改定され，今までの職場におけるハラスメント防止対策の措置に加え，相談したこと等を理由とする不利益取扱いの禁止や国，事業主および労働者の責務が明確化され，ハラスメント防止対策が強化されました[9)]。これらは2020年6月1日から施行されています。具体的な防止策の策定に関しては，それぞれ指針が出されています。

セクシュアルハラスメントに関する注意点としては，「性的言動」には性的な内容の発言，性的な行動が含まれ，性的な言動を行う者としては，事業主，上司，同僚だけでなく，取引先の事業主や従業員，顧客，患者やその家族，学校の生徒などもなりえます。男女とも行為者にも被害者にもなりえ，異性だけ

でなく同性に対する言動も該当します。また，被害者の性的指向，性自認にかかわらず，「性的な言動」であれば，セクシュアルハラスメントに該当します。

　マタニティハラスメントに関する注意事項としては，マタニティハラスメントの発生の原因や背景には，妊娠・出産・育児休業等に関する否定的な言動（不妊治療に関する否定的な言動を含め，他の労働者の妊娠・出産の否定につながる言動や制度等の利用否定につながる言動で，当該女性労働者に直接言わない場合も含む）が頻繁に行われるなど，制度の利用や請求をしにくい職場風土，制度が利用できることへの周知が不十分な場合が考えられますので，制度の周知や制度を利用しやすくする工夫が必要です。また，ハラスメントを行った社員に対しては，厳正な処分を行うことを服務規定として文書化することが求められています。

　2016年に厚生労働省の委託調査として公表されたセクハラ・マタハラに関する実態調査[17]（民間企業6,500社で働く，25～44歳の女性2万6,000人，インターネット調査5,000人，2015年）によれば，セクハラ被害を経験した女性は28.7％，マタハラ被害を経験した女性は21.4％と報告されています。セクハラ被害は正社員（34.7％）が契約社員（24.6％），派遣社員（20.9％）より多いのに対して，マタハラ被害は正社員（22.3％）や契約社員（13.2％）より派遣社員（45.3％）が多いという結果が得られています。

　女性管理職の割合は少しずつ増えており，「男女共同参画白書」（2020年版）では，民間企業の場合，係長級18.9％，課長級11.4％，部長級6.9％となっています。課長級以上はまだ少ないといえます。女性が仕事を継続しキャリアを形成していく上で，その阻害要因として長時間残業，妊娠・出産に対する周囲の無理解，出産後の復職支援制度の活用しにくさ，マタハラ，昇進に関する性差別などが挙げられており，これらはいずれもストレス要因となっています[14]。

　女性労働者の家庭におけるストレスについては先に述べましたが，子供のいる女性労働者は同じ職場の男性労働者や単身女性と比較して，帰宅後もノルアドレナリンやコルチゾールなどのストレスホルモンの分泌が高値であることから，子供のいる女性労働者は職場のストレスだけでなく，家庭における役割負荷がストレスを高めていることが示唆されています。女性労働者の家庭におけ

るストレスにも，旧来の性別役割分業観（男性は外で仕事をし，女性は家庭で育児や介護，家事を担当するという考え）が関係しており，男女ともに一層の意識改革が必要と考えられます[14)~16)]。

　女性労働者の生物学的特性として，月経や妊娠・出産，閉経があり，月経痛が重い女性は３割以上を占めており，４割の女性が生理休暇をとりづらいと感じているという報告があります。また，月経前１～２週間にわたって気分や体調不良が生じる月経前症候群の有病率は5.4％で，月経前不快気分障害は1.2％と報告されています。産後うつ病は，産後６ヵ月の間に約１割の妊婦が発症すると報告されています。また，更年期障害は閉経期女性の約半数が経験し，この時期には気分・体調不良をきたしやすく，仕事への集中力が落ちることが知られています[14)~16)]。

　女性労働者のストレス対策としては，行政が進めている男女雇用機会均等法や労働基準法，育児・介護休業法，ワーク・ライフ・バランス憲章，ハラスメント対策ガイドラインなどの活用があります。これらの他，2015年８月には女性活躍推進法が制定され，国や地方公共団体，従業員301人以上の事業場の事業主は，①女性採用比率，②勤続年数の男女差，③労働時間の状況，④女性管理職比率を把握し，改善のための行動計画を2016年４月から策定，公表することになりました[17)]。同法は2019年５月に改正され，従業員301人以上の事業主では2020年４月以降に開始する一般事業主行動計画において数値目標を作成し，同年６月１日以降，２項目以上の女性の活躍に関する情報公表を行うことになっています。2022年４月以降は，従業員101人以上300人以下の事業主においては，①自社の女性の活躍状況の把握・課題分析，②行動計画の策定（数値目標１項目以上）と社内周知・外部公表，③行動計画を策定した旨を労働局へ提出，④女性の活躍に関する情報公表（１項目以上）を行うことが義務化されました。また，特例認定制度（プラチナえるぼし）も創設されています[18)]。

　事業場が行う対策としては，①パワハラ・セクハラ・マタハラ対策，②産業保健スタッフによる支援，③仕事と家庭の両立支援（育児休暇や時短労働，男性の育児参加促進のための社内制度），④ワーク・ライフ・バランスの実現（長時間労働の抑制，有給休暇活用促進など），⑤ポジティブアクション（社会

的，構造的な差別によって不利益を受けている者に対して，特別な機会を提供するなどして実質的な機会均等を実現することを目的として講じられる暫定的な措置）の実施，⑥ストレスチェック制度の活用，などが挙げられます。

⑥ 非正規雇用者のストレス

　総務省の労働力調査では，役員を除く雇用者総数の2020年平均は5,629万人（男性53.5％，女性46.5％）で，正規雇用者が3,539万人（男性66.3％，女性33.7％），非正規雇用者が2,090万人（男性31.8％，女性68.2％）と報告されています。非正規雇用者の内訳は，パート1,024万人（男性11.9％，女性88.1％），アルバイト449万人（男性50.2％，女性49.4％），派遣社員138万人（男性38.8％，女性61.2％），契約社員279万人（男性52.3％，女性47.7％），などとなっています。女性労働者は正規雇用者が45.6％，非正規雇用者が54.4％と非正規労働者が多いことが分かります。

　前出の労働安全衛生調査[7]によれば，「仕事や職業生活に関することで，強いストレスとなっていると感じる事柄がある」と回答した労働者の割合全体が58.0％ですが，これを就業形態別にみると，正社員が61.3％，契約社員が55.8％，パートタイム労働者が39.0％，派遣労働者が59.4％となっており，就業形態によりかなりの差がみられます。派遣労働者の悩みやストレスの内容をみると，「雇用の安定性」が58.2％，「仕事の質・量」が56.2％と高く，契約社員の場合は，「仕事の質・量」が56.7％，「雇用の安定性」が39.7％と高いことが分かります。

　非正規労働者は，雇用が不安定であることや賃金や待遇がよくないこと，人間関係が希薄であることなどから，ストレスが高くメンタルヘルスはよくないと考えられてきました。しかし，これまでの国内外の調査では，非正規労働者は正規労働者より，心身の症状が多いとする報告が多いものの，差がないとする報告もみられます。最近行われた調査では，正規雇用を希望していたが職がないために不本意ながら非正規雇用を選んだ非自発的非正規雇用者（不本意型）と，自ら希望して非正規雇用者となった者（本意型），正規雇用者，失業者の比較で，同じ非正規雇用者でも不本意型のほうが本意型よりも心身症状

（ストレス）が多く，失業者に近い特徴を示していたこと，また正規雇用者と比較すると非正規雇用者のほうがストレスが大きいことが報告されています[19]。

　正規雇用者・非正規雇用者・完全失業者に対して行われたインターネット調査でも同様の結果が得られており，非正規雇用者や失業者でも自発性の有無がメンタルヘルスにとっての重要な要因になっていること，また現在の就業状況にかかわらずポジティブなキャリア観をもつことが非正規雇用者のメンタルヘルスにとってより重要であることが報告されています[20]。

❺ ワーク・エンゲイジメント

　心理学では2000年前後から，人間の有する強みやパフォーマンスなどポジティブな要因にも注目する動きが出始めました。このような動きの中で新しく提唱された考え方のひとつが，ワーク・エンゲイジメント[21]です。

　ワーク・エンゲイジメントは，健康増進と生産性向上の両立に向けたキーワードとして，近年，特に注目されるようになっています。

① ワーク・エンゲイジメントとは

　ワーク・エンゲイジメントとは「仕事に誇りややりがいを感じている」（熱意），「仕事に熱心に取り組んでいる」（没頭），「仕事から活力を得ていきいきとしている」（活力）の3つがそろった状態であり，バーンアウト（燃え尽き）の対概念として位置づけられています。

　バーンアウトした従業員は，疲弊し仕事への熱意が低下しているのに対して，ワーク・エンゲイジメントの高い従業員は，心身の健康が良好で，生産性も高いことが分かっています[22][23]。

② ワーク・エンゲイジメントが高いと？

　これまでの研究では，ワーク・エンゲイジメントと健康，仕事・組織に対する態度，パフォーマンスなどとの関連が検討されています。

　①健康に関しては，ワーク・エンゲイジメントが高い人は，心身の健康が良

好で睡眠の質が高いこと，②仕事・組織に対する態度では，職務満足感や組織への愛着が高く，離転職の意思や疾病休業の頻度が低いこと，③パフォーマンスでは，自己啓発学習への動機づけや創造性が高く，役割行動や役割以外の行動を積極的に行い，部下への適切なリーダーシップ行動が多いこと，などが分かっています。

このように，ワーク・エンゲイジメントが高い人は，心身ともに健康で，仕事や組織に積極的に関わり，良好なパフォーマンスを有しているといえます[22)23)]。

③　ワーク・エンゲイジメントを高める要因

ワーク・エンゲイジメントを高める活動をスムーズに展開するには，さまざまな関係者が共通の目標と考え方の枠組みをもつことが重要です。共通する枠組みのひとつに，ワーク・エンゲイジメントを鍵概念とする「仕事の要求度−資源モデル」（**図表5**）[24)] があります。

仕事の要求度とは，仕事の量的負担や質的負担，身体的負担，対人葛藤，役

図表5　仕事の要求度−資源モデル

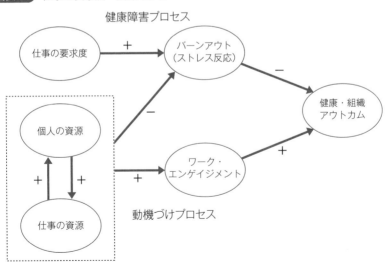

出所：文献[37)] 図17（p. 59）をもとに作成

割の曖昧さなどのストレス要因を指します。他方，仕事の資源とは，仕事の裁量権，上司や同僚からの支援，仕事の意義，組織との信頼関係など職場や仕事が有する強みを指し，個人の資源とは，自己効力感やレジリエンスなど個人が有する強みを指します。

　仕事の要求度－資源モデルは，「動機づけプロセス」と「健康障害プロセス」の2つのプロセスから構成されます。動機づけプロセスは，仕事の資源／個人の資源⇒ワーク・エンゲイジメント⇒健康・組織アウトカムの流れを，健康障害プロセスは，仕事の要求度⇒バーンアウト（ストレス反応）⇒健康・組織アウトカムの流れを指します。

　従来のメンタルヘルス対策では，「健康障害プロセス」に注目し，仕事の要求度によって生じたバーンアウト（ストレス反応）を低減させ，健康障害を防ぐことに専念していました。しかし，生き生きとした職場づくりでは，2つのプロセスの出発点である「仕事の要求度」の低減と「仕事の資源」「個人の資源」の向上に注目します。このうち，仕事の資源や個人の資源は，ワーク・エンゲイジメントの向上だけでなく，バーンアウト（ストレス反応）の低減にもつながることから，仕事の資源と個人の資源の向上が，生き生きとした職場づくりと従業員支援において重要になると考えられています。

2 メンタルヘルスの基礎知識

❶ メンタルヘルス不調

① メンタルヘルス不調について

　メンタルヘルス不調とは，「精神および行動の障害に分類される精神障害や自殺のみならず，ストレスや強い悩み，不安など，労働者の心身の健康，社会生活および生活の質に影響を与える可能性のある精神的および行動上の問題を幅広く含むものをいう」と定義されています（厚生労働省「労働者の心の健康の保持増進のための指針」2006年，2015年一部改正）。すなわち，精神疾患にとどまらず，出勤困難，職域での人間関係上のストレスや仕事上のトラブルの多発，多量飲酒などを含めた心の不健康状態を総称する用語です。

② 労働者にみられるメンタルヘルス不調・精神疾患・心身症（各論）

a）うつ病

　うつ病は人口の1～3％にみられる決してまれな疾病ではありません。それまでは社会適応のよかった人に起こる傾向を認め，「憂うつな気分」「不安感」「おっくう感」「全身倦怠感」などが混在した状態となります。ただし，初期症状として全身倦怠感，頭重感，食欲不振などの身体症状が自覚されます。そのため，何か身体の病気だろうと本人が考えて，診断が遅れて重症化する場合も多く，注意が必要です。

　うつ病の症状としては，以下の特徴が挙げられます。

　①朝の不調：朝早く目がさめる，朝の気分が重く憂うつ，朝刊を読む気に

なれない（TV もダメ），出勤の身支度が大儀となる。

② 仕事の不調：午前中を中心に仕事にとりかかる気になれない，仕事の根気が続かない，決定事項が判断できない"ぐるぐるまわり状態"となる，気軽に人と会って話せなくなる，不安でイライラする，仕事をやっていく自信や展望がもてなくなる。

③ 生活の不調：以前は好きだったことがつまらなくなる，涙もろくなる，だれかにそばにいてもらいたいと思うようになる，昼過ぎから夕方になるまでは気分が重く沈む，ときに「いっそのこと消えてしまいたい」と考えるようになる。

④ 身体の不調：不眠（眠った気がしない），疲れやすい，だるい，頭痛，食欲低下，性欲減退（異性への興味がなくなる），口が渇く。

　こういった諸症状，特に「興味の減退」と「快体験の喪失」（シャワーや入浴さえも心地よさが消失する）が２週間以上継続し，これまで毎日何気なく繰り返してきた行為がつらくなりできなくなった場合には，うつ病が疑われます。

　うつ病では，休養と服薬による心理的疲労回復が治療の２本柱となります。このため，療養中は症状に応じ，業務量の大幅な軽減，もしくは自宅療養・入院治療などの対処が必要となります。

　従来，うつ病になる人は，責任感が強く几帳面で真面目，周囲の人に気をつかう，何かあると自分を責めてしまうといった傾向がみられ，対応としては休養と服薬による心理的疲労回復が大半の事例で有効でした。しかし，昨今では，雇用・労働環境の著しい流動化を受け，若年層を中心に組織への帰属意識が希薄で，ともすれば自己中心的で責任感が弱く，環境や周囲に問題を責任転嫁するといった社会的にやや未熟な性格傾向が認められるようになっています[25]。すなわち，他罰的・衝動的で職業的役割意識が希薄であり，休職になっても復職を急ぐというよりも，先延ばしにする傾向が少なくありません[26]。現代ではこういった性格傾向を背景に，会社での適応期間（適応して勤務することのできた期間）は短く，現実問題への対処に行きづまった結果，無力感・不満・怒りなどにより反応的にうつ病になることがしばしばみられます。

　こういったタイプのうつ病の治療では，服薬と休養により心理的疲労回復を

図るという従来の対応のみでは不十分であり，睡眠覚醒リズムの確立に向けた生活指導や，帰属意識・役割意識を改善するような精神療法的対応がより重要となります。なぜなら，従来のうつ病でみられる「疲憊・消耗状態」（ひはい）とは異なり，「やる気が出ない」「疲れた」など，仕事に対する意欲低下，さまざまな体調不良などを訴える背景には，仕事に対する「士気阻喪」（そそう）（勤労意欲の著しい低下）が認められるからです[26]。このため，漫然と長期間休養するだけでは，病態が慢性化してしまう危険さえあるといえます[27]。

b）統合失調症

10代後半から30代前半の若年者に発症しやすく，妄想（実際にはあり得ない考えに断固たる確信をもち，証拠に基づく説得をいかに試みても訂正不能な思考内容や判断）や幻聴（自分の悪口が聞こえる，嫌なうわさ話が聞こえてくるなど）を特徴とします。また，幻覚・妄想などの比較的目につきやすい症状がいったん安定した後でも，コミュニケーション障害，意欲・自発性欠如，引きこもり傾向などが後遺障害として残りやすいため，仕事に就きながら治療を受けることは難しく，比較的長期の休職を必要とすることが多くなります。

しかし，近年では薬物療法を中心とした治療法が進歩したため，適切な病気療養環境が確保でき，職場において個々の回復の現状に合わせた“場”を周囲の理解と支援のもとに得られれば，安定した経過をもつ人も多くなっています。

c）アルコール依存症

アルコールは適量であればストレス解消や健康に有益な側面もありますが，節度を超えた飲酒は大変危険です。当初は付き合いでたまに飲んだりしていたもの（機会飲酒）が，次第に毎日飲むようになり（習慣飲酒），そのうち飲みすぎて飲酒したときのことを思い出せないこと（ブラックアウト）がたびたび起こるようになったら要注意です。このような状態を続けていると，毎日飲まずにはいられなくなり（精神依存），アルコールが切れると手が震える・冷汗が出る・イライラする・眠れないといった身体依存が形成されてしまいます。

職場では，飲み会での逸脱行為，飲みすぎによる遅刻や欠勤，出勤時のアルコール臭などが問題行動としてみられます。いったんこうなってしまうと，治療としては断酒が基本となりますが，治療は難渋することが少なくありません。

断酒継続のためには，家族・職場の協力や，なかでも断酒会やAA（Alcoholics Anonymous：匿名アルコール依存症者の会）といった自助グループへの参加・活動が不可欠といえます。いずれにせよ，そうならない前の予防的対処（アルコールとの節度ある付き合い方）が重要となります。

d）パニック障害

突然起こる不安発作（動悸，めまい，息苦しさ，非現実感など）が繰り返されるもので，その際の不安感は"このまま死んでしまうのではないか"とおびえるほど強烈なものです。このため，しばしば救急車で救急外来を受診しますが，身体的検査では呼吸器系・循環器系・脳神経系などに明らかな異常所見は認められません。やがて，"また発作がきたらどうしよう"という予期不安をともなうようになり，電車に乗ったり，人混みの多い場所へ外出したりすることが困難になってきます（外出恐怖，広場恐怖）。

薬物治療を中心に治療法がある程度確立しているので，予後は比較的良好ですが，服薬は1年程度以上継続することが必要とされます。また，空腹，怒りなどの強い陰性感情，孤立感，疲労は症状悪化の背景要因となるため，適切な生活習慣への是正も大切です。

e）適応障害

まず"適応（adjustment）"という言葉の意味するところですが，「環境や周囲の人々からの要請」と「自らの内的要求」の両者に応じるための，個人の主体的働きかけにより，著しい不都合をきたすことなく生活できている状態をいいます。これに対し，与えられた状況に対して単に受身的に適合する場合は区別して，"順応（adaptation）"と表記されます。つまり，適応の背景には，個人の行動目標や適応努力などが存在することになります。

そういう意味で，広義の「適応障害」とは，さまざまな生活領域（職場，家庭など）において，個人の価値体系に基づいた主体的な働きかけがうまく機能しなくなった結果，身体的・心理的・社会的に不都合をきたした状態であるといえます。

これに対し，米国精神医学会の「精神疾患の診断・統計マニュアル 第5版」（DSM‐5）やWHOの「国際疾病分類 第10版」（ICD‐10）などで定義され

ている「適応障害」は，より狭義のものとなります。そのポイントを以下に示します。

- 重大な生活上の変化もしくはストレスに満ちた生活上の出来事に対する適応の時期に発症する。
- 個人の素質や脆弱性が，発症・症状形成に大きな役割を演じているものの，ストレス要因なしには適応障害は発症し得なかったと考えられる。
- 主たる症状は不安，憂うつな気分，行為の障害（無断欠勤，けんか，無謀運転など）であり，この結果，仕事や日常生活に支障が生じている。
- これらの症状は，うつ病や不安障害など他の精神疾患の診断基準に該当するほどには顕著な症状を呈していない。
- 発症ははっきりと確認できるストレス要因の発生から1〜3ヵ月以内であり，そのストレス要因，またはその結果が一度終結すると，症状の持続は通常6ヵ月を超えない。

以上をまとめると，狭義の適応障害の疾患概念の骨子は，以下の4点に集約されることになります。

①軽度な病的反応を引き起こし得るストレス要因の存在，②ストレス要因に対する個人的な脆弱性や対処能力の問題が推定されること，③ストレス要因により生じているとされる症状は正常な反応で生じ得る範囲内のものである（他のいずれの診断基準も満たさない）が，臨床的に著しい情緒的苦痛もしくは社会的・職業的に機能の重大な障害を現実に引き起こしていること，④「ストレス要因の存在⇒個人の脆弱性・対処能力の問題⇒ストレス状態（情緒的または行為の障害，これによる社会的機能の低下）」という一連の流れの間に因果関係が認められること（了解できること），と理解されます。

職域では，業務の量・質，対人関係などを巡って適応行動が首尾よく機能しなくなった結果，しばしば遭遇する診断名です。対応としては，環境調整と同時に本人の脆弱性や対処能力を高めるべく介入すること，すなわち，ストレス要因の軽減だけでなく同時に個人のストレス対処能力を高める観点が重要となります。

f）睡眠障害

　睡眠の障害は，注意力・集中力・問題処理能力といった脳の高次機能低下を招く結果，ミスやアクシデントの大きな要因となり，さらには身体疾患や精神疾患とも関連してきます。したがって，睡眠障害に対する適切な認識と対応は極めて大切です。

　実際，睡眠不足による作業効率低下から生じる経済損失は日本全国で3兆円に及び，これに欠勤・遅刻・早退，交通事故による損失を加えると，総計3兆5,000億円に達するであろうと推計されています[28]。

　睡眠障害には，夜眠れない不眠症，昼間に発作的に眠くなる過眠症，昼と夜が逆転してしまい睡眠覚醒リズムが大きく乱れる概日リズム睡眠障害，睡眠関連呼吸障害などがあります[29] [30]。

　不眠症の症状としては，眠ろうとしてベッドに入っても寝つくのに30分～1時間以上を要し苦痛が生じる入眠障害，いったん入眠した後に何度も目が覚めてしまう中途覚醒，通常の起床時刻の2時間以上前に覚醒してしまいその後入眠できない早朝覚醒，深く眠った感じが得られない熟眠障害があります。もちろん，こういった状態は通常でも，不慣れな環境（旅行先）や試験前日，さらには仕事でストレスを抱えているときなどに認められるものです。しかし，週に3回程度以上眠れない状態が1ヵ月以上にわたって継続し，本人が苦痛を感じ，社会的（職業的）活動に支障が生じている場合は，不眠症と診断されることが多くなります。

　ただし，後述するように，不眠はうつ病や不安障害をはじめとする多くの精神疾患でも併発しますので，安易な自己診断は禁物です。不眠が一定期間継続するようであれば，一度は医師に相談することが必要です。また，喘息やアトピー性皮膚炎などの身体疾患，ステロイド製剤などの治療薬，そしてカフェインやアルコールなど嗜好品の使用により不眠を呈する場合もあります。

　過眠症は，日中の耐え難い眠気発作と居眠りを特徴とするもので，危険作業中や面談中など，通常では考えられない状況下において発作的に眠ってしまうものです。これは，夜間の睡眠障害の結果として昼間眠いわけではありません。代表的な疾患としてはナルコレプシーというものがあります。

概日リズム睡眠障害は，個人の睡眠覚醒リズムと社会生活時間帯との大きなズレにより生じるものです。いわゆる時差ボケである時差症候群や交替制勤務にともなう睡眠障害などがあります。症状としては，不規則で浅い睡眠，疲労感，ぼんやりした感じと眠気，めまいや立ちくらみなどの自律神経症状，などが認められます。さらに，10〜20歳代の若年単身者などでみられる頻回欠勤者の中には，睡眠時間帯が極端な遅寝遅起き（明け方にならないと眠れず，昼過ぎになってようやく起床する）で固定してしまい，体調や社会生活に支障をきたしている睡眠相後退症候群があります。

睡眠関連呼吸障害とは，睡眠中の呼吸障害により生じる睡眠障害です。代表的なものとしては睡眠時無呼吸症候群があります。これは，睡眠中に10秒以上連続して呼吸をしない状態（無呼吸）や10秒以上換気量が50％以上低下する状態（低呼吸）が反復して認められるものです。喉の構造異常や肥満により，空気の通り道である気道が狭くなることで起こる閉塞性タイプと，呼吸運動機能自体の異常で起こる中枢性タイプに分けられます。多く認められる閉塞性タイプでは，無呼吸による中途覚醒・睡眠の分断化とこれによる日中の強い眠気や集中力低下，大きく不規則なイビキ，全身倦怠感，朝の頭痛などが認められます。さらに，無呼吸時には酸素不足となるため，脳や心臓の障害を合併することが少なくありません。

加えて，睡眠時無呼吸症候群では，本人が疾病として自覚していないケースも多く，これまでにもパイロットや新幹線運転士などの居眠り運転事例などが社会的問題となっています。これらは大事故にもつながりかねず，注意を要する疾患のひとつです。

睡眠障害はしばしば認められるものですが，その対応や治療法は原因により大きく異なってくるため，しっかりとした診断が必要となります。したがって，勤務中に，集中力や注意力がひどく低下したり，眠気や居眠りが反復したり，遅刻や欠勤を繰り返してしまう場合などでは睡眠障害を疑い，医師に相談してみることが大切です。

g）発達障害

近年，職場のメンタルヘルス領域で「発達障害」という言葉を耳にする機会

が増えています。本来，医学的な意味で発達障害という場合は，生まれながらの知的能力障害を中心として身体機能障害をも含めた幅広い概念なのですが，近年職域で新たに注目されている発達障害とは，わが国の行政的な見地に基づくものです。これは，2005年4月に施行された発達障害者支援法による規定です。同法によりますと，発達障害とは「自閉症，アスペルガー症候群その他の広汎性発達障害，学習障害，注意欠陥多動性障害，その他これに類する脳機能の障害であって，その症状が通常低年齢において発現するもの」と定められています。昨今職域で発達障害として話題にのぼっているのは，これらのうち知的障害が前景に立っていない一群が主となります。

　実際，職域で事例化（その言動が業務遂行上何らかの問題を引き起こしている状態)する代表的な発達障害としては，不注意・多動性・衝動性などの問題を抱える注意欠如・多動症（Attention Deficit Hyperactivity Disorder; ADHD）や，イマジネーションの障害（こだわり，思い込みが強く先のことを考えるのが苦手）やコミュニケーション能力に偏りがあり対人交渉に質的問題を抱える自閉スペクトラム症／自閉症スペクトラム障害（Autism Spectrum Disorder；ASD）のうち，知的障害および言語障害をともなわない軽症のタイプが挙げられます（DSM-5では，古典的な自閉症やアスペルガー症候群は診断名としては用いられなくなりました）。

　職域において，ADHDは集中力や落ち着きのなさ，あまり考えず行動してしまうといった衝動コントロール不良やケアレスミスの多さなどの不注意といったかたちで，ASDは同僚や上司と良好な対人関係を築けない，周囲の人の気持ちが分からない，空気を読むことが苦手，会話が一方的，予定された業務が変更されるとパニックに陥り融通が利かないといったかたちで，それぞれ事例化することが少なくありません。

　しかし，昨今職域で問題とされているのは，その大半が成人期になって初めて発達障害が疑われたもしくは診断された軽症のケースです。すなわち，前出の発達障害者支援法にある「…その症状が通常低年齢において発現するもの」として，幼少期に明確に事例化することなく成長し，就職後にそうした傾向が初めて明らかとなった場合が該当してきます。こうした非典型例ともいえるケ

ースが，グレーゾーンにおいて発達障害として診断される事例が増えているのが現状といえます。

　さらに事態を複雑にしているのは，発達障害では複数の疾患同士の並存が多いこと，そして発達障害を有する結果，二次的に生じてくる精神疾患やパーソナリティ障害との鑑別が簡単ではないことが挙げられます。加えて，その診断には高度の専門性が必要とされるため，その診断と処遇を巡っては慎重に臨む姿勢が大切となります。

　このため，成人になった後に発達障害と診断された事例を巡っては，その精神医学的診断名以上に，当事者が各職域において「何ができて何ができないのか」「どのような支援があれば業務を遂行できるのか」といった個別で具体性をもったアセスメントを行うことがはるかに重要となります[33]。本人の得意な分野，長所をしっかりと評価し，職域でどのようにその特長を活かせるかというポジティブな観点から支援を検討することが大切です。

　ADHD の人が営業や接待を得意としたり，ASD の人が研究開発や高い集中力を必要とする業務で能力を発揮したりすることはまれではありません。どんな特徴にも長所・短所の両側面があるといえます。ADHD の良いところに焦点を当てれば，好きなことにおける高い起動力，活動的，積極的，雄弁，ひらめきがあり行動力があるといえますし，同様に ASD の良いところとしては自分で大切と思うルールをきちんと守る真面目さ，人に流されない意思の強さ，ユニークで常識にとらわれない発想，得意分野での豊富な話題，こだわりのある職人としての能力の高さ，などが挙げられます。大切なことは，発達障害は生まれつきの神経系発達の偏りであり（「左利き」のようなもの），個人の人間性の問題ではなく，自分の特徴を知りこれを活かすことで社会的にうまくいっている人もたくさんいるという事実です。ただ，「左利き」のように少数派ではあるため，ときに不便で困ったことも起こりますが，特性を活かせれば，活躍できると考えることが大切です[34]。なお，発達障害者の心理行動特性はストレス負荷が強い状態で顕著となりやすいため[35]，仕事の質・量，職場の人間関係に対する配慮と調整も極めて重要となります（図表6）。

　以上のように，業務上の相性・適応について，丁寧で具体的な検討を重ねる

注意欠如・多動症（ADHD）と自閉スペクトラム症（ASD）のポイント

	注意欠如・多動症（ADHD）	自閉スペクトラム症（ASD）
特　徴	●忘れ物やケアレスミスが多い ●動きが多く，思考もせわしない ●思い立つとすぐやりたくなる ●部屋が片付けられない ●気が散りやすく，よそ事を考えてしまう ●プランニングがうまくできない ●スケジュール管理ができない ●段取りが悪い	●空気を読むことが苦手 ●比喩や言葉の裏の意味がわからない ●あいまいな指示だと，その意図がわからない ●人との距離感が独特（近過ぎたり，遠すぎたり） ●好きなテーマを話しだすと止まらない ●視覚，聴覚，触覚，味覚，嗅覚が過敏 ●強いこだわりがあり何か変化があると混乱しやすい ●視線を合わすことや表情の動きが少ない
不得意な 仕事例	●緻密なデータや細かいスケジュール管理 ●長期的な計画を立ててじっくり進める仕事 ●行動力より忍耐力が要請される仕事	●顧客の個別対応や計画変更が随時要請される仕事 ●対話が中心となる仕事 ●上司からの漠然としたあいまいな指示
得意な 仕事例	●自主的に動き回る「営業職」 ●ひらめきや企画力，行動力が求められる「企画開発職」「デザイナー」「経営者」「アーティスト」など	●規則性，計画性，深い専門性が求められる「研究者」「設計士」 ●緻密で集中力を要する「SE」「プログラミング」 ●膨大なデータを扱う「財務」「経理」「法務」

出所：宮岡等，内山登紀夫『大人の発達障害ってそういうことだったのか　その後』医学書院，pp.110-199，2018年より作成

ことが基本となります。なお，ADHD では薬物治療が有効な場合があるため，環境調整や本人の自己理解と同時に，早期の適切な診断と薬物療法の可否の検討が有益といえます。

h）心身症

1）心身症について

　心身症とは，高血圧症・糖尿病などに代表される身体疾患のうち，その発症や症状変化と心理社会的要因（いわゆるストレス要因）との間に明らかな対応が認められるものをいいます。この関連性を「心身相関」と呼びます。心身相関を支えるメカニズムには，身体の内部環境を一定に保つ機能に関与している脳，自律神経系，内分泌系，免疫系などがあります。

このため，心身症はいわゆる心の病とは異なり，胃潰瘍や十二指腸潰瘍など
のように目に見えるかたちで異常が生じる場合と，緊張型頭痛や過敏性腸症候
群などのように筋肉や内臓の緊張・運動といった機能システムに異常が起こる
場合とに分けられる“身体疾患の病態”を意味します。そして，心身症に影響
を及ぼす要因として「心理社会的因子」が挙げられるため，職域を中心とした
社会的側面の要因，すなわち仕事に関連したストレスが重要な位置を占める病
態となります。

2）労働者にみられる主な心身症（各論）

次に，職域でみられやすい代表的な心身症についてその概要を紹介します。

i）過敏性腸症候群

検査をしても，潰瘍，ポリープやがんなどの病変が認められないのに，腹痛
をともなう下痢や便秘などの症状が繰り返して出現する大腸の疾患です。消化
管の運動機能異常と，腸が拡張した際に痛みを感じやすいことが要因と考えら
れています。

タイプは以下の3つに大別されます。

- 下痢型（緊張するプレゼンテーション前や出勤途中に出現する下痢な
  ど）：大腸全体が微細にけいれんしている状態
- 便秘型（けいれん性便秘といわれ，便は固い塊）：肛門に近い部位の大腸
  が強く収縮し，便の通過を妨げている状態
- 下痢と便秘の交替型（不安定型）

腹痛のほか，食欲不振，悪心・嘔吐，胸やけ，胸部不快感，頭痛・頭重，め
まい，息切れ，不眠，易疲労感（疲れやすい）などが認められる場合もありま
す。腹部症状のために，通勤に長時間を要し（何度も途中下車する，急行に乗
れないなど），遅刻や欠勤につながる例が少なくありません。

ii）緊張型頭痛

頭を強く締めつけられているような性質の頭痛で，ズキンズキン痛む拍動性
ではなく，ジワジワとした連続的な痛みが特徴です。

痛みの程度は，日常生活は若干制限されるものの寝込むほどではなく，通常
吐き気もありません。診断に際しては，脳腫瘍，脳血管性疾患，その他内科的

疾患，耳鼻科的疾患などによる頭痛をしっかり除外することが必要です。

対処としては適宜リラックスすることや，入浴や軽い運動が有効です。場合によっては，筋緊張を緩和する薬剤を使用することもあります。また，それらでもなかなか改善が得られない場合は，痛みにともなう行動（頭が痛いから出勤できない，頭痛がひどいから何もできないなど）に関連して誤って身についてしまった考え方やイメージを修正することで"痛み行動"の改善を図る心理療法（認知行動療法）が有効なことがあります。

iii）摂食障害

食事や体重に対する常軌を逸したこだわり，太ることに対する恐怖感が特徴的な，思春期から青年期にかけた女性に多くみられる疾患です。

摂食障害は神経性食欲不振症と神経性大食症に大別されます。神経性食欲不振症では，やせたいという強い願望や太ることを極端に恐れる気持ち（肥満恐怖）が特徴で，やせていても「太っている」と頑なに思い込み，食事をとらなかったり，食べたものを吐いたり，下剤を乱用したりします。そして，極端にやせているにもかかわらず活動性はむしろ高く，ガリガリにやせているのに仕事は休まず熱心に残業を続けたりすることがあります。

一方，神経性大食症（いわゆる過食症）では，大量の食べ物を一気に食べ，直後に吐いたり，下剤・利尿剤を乱用して体重増加を防ごうとします。体重は正常範囲内に維持されていることが多いものの，過食・自己嘔吐後は自己嫌悪に陥り，気分がひどく落ち込むことが少なくありません。

3）心身症に関する具体的な対策

職域においては，心身症はなかなか治らない消化性潰瘍や気管支喘息，コントロールがなかなかうまくいかない糖尿病や高血圧症，慢性的な下痢や腹痛（過敏性腸症候群）による欠勤や遅刻などとしてしばしば現れます。また，心筋梗塞など，より重篤な疾患として起こることもあります。

その際は，背景となり得る職場要因が関与していないかどうか，一度検討することが大切です。その上で，業務負荷が妥当なものであるか（時間外勤務が過剰になっていないかなど），ストレス緩衝要因の中でも重要な直属上司を中心とした周囲スタッフからのサポート状態はどうか（もっと活用できないか）

などの側面から早期に改善を図ることが重要といえます。さらに，直属上司，または産業保健スタッフなどに早目に相談することが大切です。

③ メンタルヘルス不調に関する具体的な対策

　メンタルヘルス不調のサインとしては，業務能率の低下，勤務状況の悪化，対人関係の悪化（職場トラブルの増加）などが挙げられます[31]（第4章3節参照）。

　こういったメンタルヘルス不調のサインがみられた場合は，勤務を含めたライフスタイルに無理がないかどうか，一度検討して改善を図ります。それでもよくならないときは，上司，産業保健スタッフに相談したり，もしくは事業場外の医療機関で医師に相談することが大切です。無理にがんばり続けないことが，悪化を防ぐという意味で大変重要です。

3 心の健康問題の正しい態度

❶ 心の健康問題は自分とは関係ないという誤解

　メンタルヘルス不調は自分とは関係ない，気力が足りなかったり気持ちの弱い人の問題である，と考える人もいますが，果たしてそうでしょうか。そうではありません。メンタルヘルス不調はだれもがなり得る状態なのです。

　現状をみてみましょう。公益財団法人日本生産性本部が2019年7月～9月に実施した全国の上場企業226社を対象とした調査結果では，過去3年間で企業内の「心の病」が増加傾向にあると32.0％が回答し，心の病が最も多い年齢層は従来は「30代」とする上場企業が多かったのですが，近年は「10代～20代」が増加し初めて30％を超え，「50代以上」を除く「10代～20代」「30代」「40代」が30％前後で並んでいます。また，2017年度に休職した教職員（公立）の原因疾患では65.1％をうつ病などの精神疾患が占め，精神疾患による休職者は2007年度以降5,000人前後で推移しており（文部科学省「病気休職者数などの推移」（平成19～29年度）），2016年度に国家公務員がとった1ヵ月以上の長期病欠の原因は，1位がうつ病などの精神疾患（65.5％）であり，2位が悪性腫瘍（9.7％）などとなっています（人事院「平成28年度国家公務員長期病休者実態調査」）。

　実際，うつ病の有病率が1～3％であることを考慮すると，例えば1,000人規模の事業場であれば，10～30人がうつ病に罹患していても不思議ではなく，決して珍しい病気でも，例外的な状態でもないのです。

　もちろん，メンタルヘルス不調においても，高血圧や胃潰瘍などの身体疾患と同様，個人的要因の関与もあるでしょう。しかし，将来的に自分がそういった状態になり得るか（そういう素因をもっているか）どうかを予測可能かといえば，答えは否です。それは，身体疾患において将来予測が容易にはできない

のと同様です。

　なぜなら，第一に，個人がメンタルヘルス不調になる可能性を前もって察知することは医学的に極めて困難であること，第二に従来型のうつ病と親和性が高いとされる病前性格に“自分自身に対する以上に周囲に配慮する”，“ものごとの手順や秩序を重視する”という特徴があり，これは組織人という観点からは高い順応性とパフォーマンスの源となり得ること，第三に過労自殺と認定された人の多くが直前まで“仕事ができる人”と評価されており，その7割以上が治療を受けていない労働者であったこと，などが挙げられます。つまり，うつ病などのメンタルヘルス不調は特殊な人の心の病ではなく，バリバリ仕事をこなし，周囲からの信頼も高い人にみられることが決して少なくないのです。

　したがって，個人のメンタルヘルス対策を考える上では，以下の事項を銘記しておくことが必要です。まず，自分を含めたすべての人，誰もが状況によってはメンタルヘルス不調になる可能性があるということ。このため，心の病に対する偏見をもたず，特定の個人へアプローチしたりこれを選別するという発想ではなく，むしろ職場環境の改善（特にコミュニケーション）や上司を中心としたサポートシステムを活用することで対処すること。すなわち，メンタルヘルス不調を“個人”の問題のみではなく“職場というシステム”の観点から捉える立場です。

　当然ですが，自分自身もまた，メンタルヘルス不調になる可能性はゼロではありません。特に，メンタルヘルスが不調になった初期には，精神面よりも身体面や行動面に変化が最初に現れてくることが少なくありません（第5章2節図表11「早期のストレスのサイン」参照）。ですから，このような兆候がみられた際には，メンタルヘルス不調の可能性を忘れることなく，産業保健スタッフや医師に早めに相談することが勧められます。

❷ 睡眠を削って残業をがんばるのは“美徳”という誤解[32)]

　睡眠は，メンタルヘルスを考える上で欠くことのできない重要な項目です。

睡眠が健康的にとれる間はメンタルヘルスに深刻な問題は生じない，といっても過言ではありません。しかし，現実には睡眠より業務が優先され，不眠不休が甚大な事故やミスの原因にしばしばなっています（スリーマイル島原発事故など）。

　実際，4時間睡眠を1週間続けるとホルモン・血糖値に異常が生じ，4～6時間睡眠を2週間継続すると記憶力・認知能力・問題処理能力などの高次精神機能は2日間眠っていない人と同レベルにまで低下することが指摘されています。つまり，睡眠を削ってがんばり続けることは健康に悪いだけでなく，集中力・判断力低下が生じ，これによる仕事のパフォーマンス低下を補うために時間外勤務が増え，さらに睡眠が減る，という悪循環を招き，非効率でハイリスクなのです。

　なお"何時間眠ったらよいか"は，体質的にもショート・スリーパー（短眠者），ロング・スリーパー（長眠者）などの差異が認められますが，2日単位で考えると，一般的には12～16時間必要と考えられます。

❸ その他の誤解とその対策[36) 37)]

　心の健康問題に関するその他の誤解としては，「メンタルヘルス不調は治らない」というものがあります。確かに，メンタルヘルス不調は高血圧症や糖尿病と同様，慢性疾患としての側面がありますが，誰でもかかる可能性のある病気であり，決して不治の病ではありません。例えば，統合失調症については，WHO健康報告2001にも「統合失調症は様々な経過をたどるが約3分の1は医学的にも社会的にも完全に回復する。初発患者の場合，現代の進歩した薬物療法と心理的ケアを受ければ約半数は長期にわたる完全な回復を期待できる」と明記されています。うつ病については，これ以上の治療効果が期待できます。

　さらに，一部マスコミの不正確な事件報道などを介して，メンタルヘルス不調などの精神障害者は危険であるという漠然とした残念な誤解もあるようです。しかし，そうでしょうか。精神障害者の全人口に占める割合は少なくとも2％以上ですが，『平成30年版犯罪白書』（法務省）によると，一般刑法犯の全検挙

者に対して精神障害者等（精神障害者もしくはその疑いのある者）が占める比率は僅か1.3％に過ぎません。これをみる限り，精神障害者を危険視する認識は誤解であることが分かります。

　加えて，メンタルヘルス不調はいわゆる単純な遺伝性疾患ではありません。なぜなら，メンタルヘルス不調は，その人の病気へのなりやすさ（発症脆弱性）とストレスを引き起こす環境要件が複雑に絡み合って生じてくるからです。これを「脆弱性ストレスモデル」といいます。この発症脆弱性には，その人の素質のみならず，生まれてからの体験や学習などにより獲得されたストレスへの対応力が関連してくるため，遺伝のみで簡単には説明できません。統合失調症，うつ病，パニック障害などの不安障害では，こういった脆弱性ストレスモデルによる病態理解が現在では主流となっています。したがって，早期の治療的対処により脆弱性を小さくすること（必要に応じてしっかりと薬を飲むなど）や，ストレスを軽減すること（職場や家庭でのストレスを少なくする，周囲からの適切なサポートを活用する，ストレス対処法を身につけておくなど）が重要となってくるわけです。

　このように，メンタルヘルス不調は糖尿病や高血圧症などの生活習慣病と同様に，ライフスタイルを改善したり，ストレスにうまく対処することによりかなりの部分を防ぎ得るものです。そして，早期に発見し，適切な治療・サポートが行われ，ストレスを和らげる環境が職場や家庭で新たに提供されれば，長期的に症状は安定し，従来と同様の社会生活を送ることが可能となります。このためにも，心身の不調が軽いうちにストレスを解消する工夫をしたり，生活を点検したりし，それでも解決できないときは早めに相談することが大切です。

　なかでも，サポートが得られるような職場の人間関係づくりは非常に有益です。逆に，周囲からの的外れな説教や非難といった過干渉や，否定的で感情的な態度は回復や経過にとって大きなマイナス要因となるため，十分な注意が不可欠です。

　以上のように，メンタルヘルス不調は，素因があれば軽度のストレスでもなることがある一方で，素因が少なくても強いストレス環境下では生じ得ることから，誰でもなり得る可能性があるという理解が根底に必要といえます。

そして，最近では現実に精神障害を抱える方々の就業機会が増えてきています。なぜなら，2013年に障害者差別解消法と改正障害者雇用促進法が成立し，障害者，なかでも精神障害者を巡る労働環境が大きく変わったためです。障害者差別解消法では，「不当な差別的取扱い」を禁止し，「合理的配慮の提供」が求められ，障害のあるなしにかかわらず，共に暮らせる社会の実現が目指されています。「不当な差別的取扱い」とは，国・都道府県・市町村などの役所や企業の事業主が，障害のある人を正当な理由なく，障害を理由として差別することです。「合理的配慮の提供」とは，公的機関や企業の事業主が，障害者から何らかのバリアを取り除くための対応が要望された場合，その負担が過重とならない範囲内で対応することが求められることです。そして，雇用関係における障害者差別禁止・合理的配慮の提供については，改正障害者雇用促進法に委ねられています。

　改正障害者雇用促進法における2018年の改正の概要は，以下のようになります[38]。まず，企業等に雇用が義務づけられている障害者の範囲が，身体障害者・知的障害者に精神障害者（発達障害を含む，精神障害者保健福祉手帳の所持者）が加わり，併せて障害者の法定雇用算定率も引き上げられました。

　そして，障害者に対する差別の禁止として，雇用における障害を理由とする不当な差別的取扱いが禁止されています。例えば，採用時に不利な条件を課したり，低い賃金を設定したり，昇給させないこと，雇用形態の変更を強制すること（または変更を認めないこと）などが挙げられます。

　また，事業主には，職場において，障害者と障害者でない者との均等な機会や待遇を確保すること，障害者の能力発揮に支障となっている事情を改善するための措置を講ずること（合理的配慮の提供）が義務づけられています。合理的配慮を巡っては，2015年に厚生労働省が合理的配慮指針を策定しています。その対応は個別性が高いためさまざまな内容が考えられますが，具体的対応例としては，以下のようなものが挙げられます[39]。

【精神障害の場合】

〔募集・採用〕面接時に，就労支援機関の職員等の同席を認めること

〔採用後〕業務指導や相談に関し，担当者を定めること

〔採用後〕業務の優先順位や目標を明確にし，指示をひとつずつ出す，作業手順を分かりやすく示したマニュアルを作成する等の対応を行うこと

〔採用後〕出退勤時刻・休憩・休暇に関し，通院・体調に配慮すること

〔採用後〕できるだけ静かな場所で休憩できるようにすること

〔採用後〕本人の状況を見ながら業務量等を調整すること

〔採用後〕本人プライバシーに配慮した上で，他の労働者に対し，障害の内容や必要な配慮等を説明すること

【発達障害の場合（上記と重複する内容は割愛）】

〔募集・採用〕面接・採用試験について，文字によるやり取りや試験時間の延長を行うこと

〔採用後〕業務指示やスケジュールを明確にし，指示をひとつずつ出す，作業手順について図等を活用したマニュアルを作成する等の対応を行うこと

〔採用後〕感覚過敏を緩和するため，サングラスの着用や耳栓の使用を認めるなどの対応を行うこと

こうした内容を踏まえると，職域では精神障害者を含めた障害者全般への理解を深め，その受け入れを積極的に検討し，多様な人材が活躍できる職場環境づくりに取り組むことが要請されている現状にあるといえます。

なお，ここでいう合理的配慮・差別禁止の対象となる精神障害者は，統合失調症・気分障害（うつ病，躁うつ病）・発達障害などのさまざまな精神疾患により，長期にわたり職業生活に相当な制限を受ける状態にあるものをいいます。このため，ストレスにともなう強い悩み，不安などといった一時的かつ比較的軽度な状態を含めた精神的・行動上の幅広い概念である「メンタルヘルス不調」とは必ずしも同一のものではありませんので，ご留意ください。

【参考文献】

1）河野友信・永田頌史他編『ストレス診療ハンドブック（第2版）』メディカル・サイエンス・インターナショナル，2003年

2）リチャード・S・ラザルス，スーザン・フォルクマン著／本明寛・春木豊・織田正美監訳『ストレスの心理学』実務教育出版，1991年

3）厚生労働省「労働者の心の健康の保持増進のための指針」（健康保持増進のための指針公示第3号　平成18年3月31日公表），2006年

4）産業医科大学産業生態科学研究所精神保健学研究室編『職場のメンタルヘルス対策—最新アプローチとすぐに役立つ実践事例—』中央労働災害防止協会，2009年

5）永田頌史「若者のメンタルヘルス問題と心理社会的背景」産業ストレス研究，21巻3号，pp. 219-228，2014年

6）真船浩介・永田頌史「高年齢労働者のメンタルヘルス対策」『安全と健康』59巻12号，中央労働災害防止協会，2008年

7）厚生労働省「平成30年度労働安全衛生調査」2019年

8）厚生労働省「令和元年自殺統計」2019年

9）厚生労働省「職場におけるハラスメント防止のために」2020年，www.mhlw.go.jp/stf/seisakunitsuite/bunya/koyou-roudou/koyoukintou/seisaku06/index.htlm

10）厚生労働省「職場のパワーハラスメントに関する実態調査報告書」
https://www.go.jp/file06/Seisakujouhou-11200000-Roudoukijunkyoku/0000　165751.pdf

11）Hurrell, J.J.Jr., McLaney, M.A., "Exposure to job stress：A new psychometric instrument" *Scand. J Work Environ Health* 14（suppl. 1），1988, pp. 27-28

12）厚生労働省：高年齢者雇用安定法の改正—70歳までの雇用機会確保
https://www.mhlw.go.jp/stf/seisakunitsuite/bunya/koyou_roudou/koyou/koreisha/topics/tp120903-1_0001.html

13）内閣府「平成27年度第8回高齢者の生活と意識に関する国際比較調査結果」（全文）
https://www.mhlw.go.jp/stf/seisakunitsuite/bunya/0000041025.html

14）丸山総一郎「女性労働者のストレス問題とメンタルヘルス対策」産業ストレス研究，22巻，pp. 183-196，2015年

15）下開千春 「働く女性の健康とストレス要因」Life Design Report 2008, 1-2　pp. 4-15，2008年　http://group.dai-ichi-life.co.jp/dlri/ldi/report/rp0801.pdf

16）武谷雄二 『働く女性と健康』産業医学振興財団　2015年

17）労働政策研究・研修機構 「妊娠等を理由とする不利益取扱いおよびセクシュアルハラスメントに関する実態調査」結果（概要）2016年
https://www.jil.go.jp/press/documents/20160301.pdf

18）厚生労働省：女性活躍推進法特集ページ
https://www.mhlw.go.jp/stf/seisakunitsuite/bunya/0000091025.html

19）山本勲 「非正規労働者の希望と現実—不本意型非正規雇用の実態」 RIETI Discussion Paper Series 11-J-052　pp. 1-26，2011年
www.rieti.go.jp/jp/publications/dp/11j052.pdf

20）高橋美穂，森田慎一郎，石津和子 「正規雇用・非正規雇用・完全失業者のメンタルヘルスの比較検討—就業状況に対する自発性とキャリア観に注目して」 日本労働研究雑誌　650号　pp. 82-96，2014年
www.jil.go.jp/institute/zassi/backnumber/2014/09/pdf/082-096.pdf

21）Schaufeli, W. B., Salanova, M., Gonzalez-Romá, V., Bakker, A. B.（2002）. The measurement of engagement and burnout: A two sample confirmative analytic approach. Journal of Happiness Studies, 3, 71-92.

22）島津明人（2014）. ワーク・エンゲイジメント：ポジティブ・メンタルヘルスで活力ある毎日を. 東京：労働調査会.

23）島津明人（編著）.（2018）. Q＆Aで学ぶワーク・エンゲイジメント：できる職場のつくり方. 東京. 金剛出版.

24）Schaufeli, W. B., & Bakker, A. B.（2014）. Job demands, job resources, and their relationship with burnout and engagement: A multi-sample study. Journal of Organizational Behavior, 25, 293-315.

25）市橋秀夫「時代と病像の変遷」上島国利・樋口輝彦・野村総一郎他編『気分障害』医学書院，pp. 332-340，2008年

26）日本不安抑うつ精神科ネットワーク「うつ病再考—中核と周辺—」中村敬『現代のうつ病—環境要因の視点から—』アルタ出版，pp. 37-44，2010年

27）日本産業精神保健学会編「産業精神保健マニュアル」中村純・行正徹『気分障害』中山書店，pp. 207-311，2007年

28）大川匡子「睡眠障害の社会的側面」『内科』111（2），pp.199-202，2013年

29）睡眠障害の診断・治療ガイドライン研究会，内山真編『睡眠障害の対応と治療ガイドライン』じほう，pp. 143-203，2002年

30）上島国利・上別府圭子・平島奈津子編「知っておきたい精神医学の基礎知識」高橋敏治『睡眠障害』誠信書房，pp. 234-241，2007年

31）上里一郎「メンタルヘルスのアセスメント（総論）」上里一郎・末松弘行・田畑治他監修『メンタルヘルス事典』同朋舎，pp. 575-581，2000年

32）睡眠障害の診断・治療ガイドライン研究会，内山真編『睡眠障害の対応と治療ガイドライン』じほう，pp.121-127，2002年

33）田中克俊「職域における発達障害：特集にあたって」『産業精神保健』19巻1号，pp. 1-2, 2011年

34）今村明『おとなの発達症のための医療系支援のヒント』星和書店．pp. 84-93. 2014年

35）青木省三・村上伸治『大人の発達障害を診るということ』医学書院．pp. 2-32. 2015年

36）厚生労働省ウェブサイト「心の健康問題の正しい理解のための普及啓発検討会報告書〜精神疾患を正しく理解し，新しい一歩を踏み出すために〜」心の健康問題の正しい理解のための普及啓発検討会，2004年3月

37）厚生労働省ウェブサイト「精神医学研究連絡会報告　心のバリアフリーを目指して─精神疾患・精神障害の正しい知識の普及のために─」日本学術会議　精神医学研究連絡委員会，2005年8月29日

38）厚生労働省職業安定局高齢・障害者雇用対策部　障害者雇用対策課地域就労支援質「障害者雇用の現状と課題」『産業精神保健』21，pp. 165-170, 2013年

39）合理的配慮指針事例集（第二版），厚生労働省，2015年

第3章

セルフケアの重要性

　ストレスや心の健康に配慮すると，労働者は仕事にやりがいや達成感を感じる余裕ができ，創造性が発揮されます。これが労働の質を向上させ，職場の生産性を向上させます。職場のメンタルヘルス対策の重要な目的はここにあります。近年は事業者の安全配慮義務が広くとらえられ，積極的に労働者の健康状態を把握し，早期に対処を行う重要性も指摘されています。ただ同時に，労働者も自ら健康管理を行い，仕事に支障をきたさないようにする義務，すなわち「自己保健義務」を有しています。

　この章では，自己保健義務について理解し，労働者自身が自己管理を推進していくことの重要性について押さえます。

1 過重労働の健康への影響

❶ 過重労働の背景と労働者の健康状態

　欧米では労働者の職務がジョブ・ディスクリプション（職務記述書）として記載され，それに従って労働提供されるという契約概念があるのに対して，日本では職務限定職を除き，多くの場合において労働者の職務や範囲が明示されることはありません。そのため，業務範囲も状況に応じて変動し，仕事が増えれば既存の労働者の誰かがそれを補うという職場文化があります。このような背景もあり，わが国の労働慣行は，業務が増えれば労働時間が長くなる傾向があり，概して残業時間が多いことで評価されるという文化にもつながりました。

　そもそも労働時間の調整を雇用の増減で行うことは制度的に難しいため，既存の労働者で対応せざるを得なかったという背景もあります。つまり，①限定された労働者数で業務量をまかなう必要があること，②長時間労働者が評価されがちであること，③残業すれば給与が増えるいわゆる"生活残業"の実態があること，などがあり，労働者1人当たりの長時間労働を生みやすい労働文化となっているという事情があります。こういった労働慣行を抜本的に改善することを目的に働き方改革関連法が2019年4月より施行され，改正労働基準法にて上限規制（時間外労働の上限について月45時間，年360時間を原則とするなど）が実施され，労働時間管理が強化されました。

　さて，労働者の定期健康診断結果における有所見率は毎年上昇が続いており，所見を有する労働者は57.0％（厚生労働省発表，「令和元年定期健康診断結果」より）にまで達しています。なかでも有所見率の最も高い項目は血中脂質ですが，脂質異常症が高血圧，高血糖とともに動脈硬化を促進する因子であることを考えると，労働者の脳・心臓循環器疾患リスクは高まっています。長時間労働が減らず，一方で健康異常を指摘される労働者が増えているという状況

にあり，ますます職場における産業保健活動の重要性が高まっているといえます。

❷ 過重労働の健康影響メカニズム

過重労働（長時間労働）が，どのようなメカニズムで労働者の健康を障害するかという仕組みについては，詳細に証明されているわけではありません。しかし，事実として長時間労働があり，また身体的あるいは心理的な強いストレスの存在が推定され，その結果として健康障害に至ったと判断せざるを得ない事例が多々あることも事実です。過重労働（長時間労働）やストレス因子が健康に障害を与えるメカニズムとして図表1を紹介します。

まず，過重労働（長時間労働）やストレスがあると，それへの対応として生体内では交感神経系が反応し，同時に内分泌系のアドレナリンやノルアドレナリンの分泌が亢進します。これらのホルモンは，血圧を上昇させ，血糖値を上げて代謝バランスを不安定にします。これが長期間にわたると，本格的な高血圧症，脂質異常症，糖尿病を招くことになります。

図表1 過重労働（長時間労働）やストレスによる健康障害のメカニズム

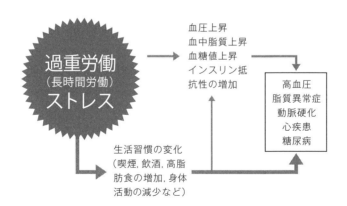

出所：厚生労働省労働衛生課編『産業医のための過重労働による健康障害防止マニュアル』より改変

また一方で，ストレスが高じれば心理的にもイライラがたまり，気分にもムラが出てきますので，生活スタイルも不健康な状態（喫煙の増加，飲酒の増加，食べ過ぎ傾向，運動不足など）になりやすくなります。このような不健康な生活スタイルは，高血圧症，脂質異常症，糖尿病をさらに悪化させることになります。この交感神経系の亢進と生活習慣の不健康という両方からの作用を受けて，徐々に動脈硬化という血管障害の基礎が出来上がっていきます。

　「過労死」の説明として，「過度な労働負担が誘因となって，高血圧や動脈硬化などの基礎疾患が悪化，脳血管疾患や虚血性心疾患，急性心不全などを発症し，永久的労働不能又は死に至った状態」（厚生労働省労働衛生課編「産業医のための過重労働による健康障害防止マニュアル」より）と定義されていますが，血管障害としての「動脈硬化」が過労死の前段階として労働者に発症し，そこに過重労働という負荷が加わることで「循環器系疾患」が発生し，過労死事故になります。

　また，長時間労働とメンタルヘルス不調との関係については，「精神障害の労災認定の基準に関する専門検討会（2011年11月）」がその因果関係を認め，「極度の長時間労働，例えば数週間にわたる生理的に必要な最小限度の睡眠時間を確保できないほどの長時間労働は，心身の極度の疲弊，消耗を来し，うつ病等の原因となると考える。」という見解を表明しました。

　2014年11月には，過労死等防止対策推進法が施行されています。この法律は，過労死等への社会認知を高め，調査研究を行いながら国内の過労死防止対策を推し進めることを目的とするもので，「『過労死等』とは，業務における過重な負荷による脳血管疾患若しくは心臓疾患を原因とする死亡若しくは業務における強い心理的負荷による精神障害を原因とする自殺による死亡又はこれらの脳血管疾患若しくは心臓疾患若しくは精神障害をいう」と法的に定義されました。また，防止対策については，「国」「地方公共団体」「事業主」が推進に努力すること，「国民」も強い関心と理解を進めることが求められています。

　その他，啓発事業を行うこと（毎年11月が啓発月間）や年次報告書の提出，過労死防止対策の「大綱」策定，過労死に関する実態調査や情報の収集等の義務があります。

2 自己保健義務とは

❶ 自己保健義務を果たす具体的な行動

　自己保健義務とは，自分の体調や健康を自分で維持管理する義務を指します。労働者が事業者と労働契約を結ぶ際の前提概念として，労働者側には誠実に労働提供をする義務があり（誠実労働義務），事業者側には賃金の支払い義務があります（賃金支払い義務）。労働者にとって，良質な労働を提供するためには，その健康の維持は欠かせません。

　例えば，労働者には健康診断を受診する義務がありますが（労働安全衛生法第66条第5項），この健診結果を利用して労働者は自分の健康管理に役立てることが求められています。受診義務があることについては，労働者にとって少し違和感があるかもしれませんが，そもそも健康診断の目的は，労働者の健康状態を評価して，就業内容を調整するための事業者による適正管理です。

　つまり，健康診断は裏返せば，適正状態を確認する貴重な機会となっていて，特に健康の保持に努める必要があると認められた労働者に対しては，事業者は，医師または保健師による保健指導を行う努力義務があります。そのため，健康診断のあとに医師による保健指導が行われたり，あるいは紙面や電子媒体などの方法で指示されていたら，労働者はこれらの指導内容を利用して自分の健康保持に努める必要があります。

　自己保健義務とは，このように健康診断で指摘された所見に対して改善するように保健行動をとること，または必要な医療を受けて体調回復を進めることを指します。

　労働者の健康管理に関して事業者が実施する検査としてストレスチェックがあります（同法第66条の10）。ストレスチェックは心理的な不調者をさがすことが目的ではなく，職場単位でのストレス要因を抽出して分析し，職場として

対策を検討して改善活動を進めるためのツールとして導入されています。受検者各自には結果がレーダーチャート等で返信されていますが，受検者は自分のストレスの程度や状況を客観的に見て理解できますので，これを参考に個人としてのストレス対策のヒントを得ます。また，これを活用して体調維持に役立てることも広く自己保健義務といえるでしょう。

　なお，ストレスチェックの点数が高い場合は，希望をすれば事業者は「医師による面接指導」を労働者に提供しなければなりません。労働者はこれらも利用することで，幅広いストレス対策を進めることができます。

❷ 事業者による安全配慮義務と労働者による自己保健義務

　職場には，一般の市民生活には存在しない健康を害する危険因子や有害要因がありますので（例：有機溶剤，化学物質，電離放射線，長時間労働，業務上の心理的負荷，職場の人間関係のストレスなど），事業者は当該因子の排除に努めるとともに，これらの因子から労働者の健康を守る必要があります。

　事業者におけるこれらの配慮活動を「安全配慮義務」または「健康配慮義務」といいます。この概念は，労働安全衛生関連法規の中には明文化されていませんでしたが，2008年3月施行の「労働契約法」第5条（労働者の安全への配慮）において，「使用者は，労働契約に伴い，労働者がその生命，身体等の安全を確保しつつ労働することができるよう，必要な配慮をするものとする」として，初めて明文化されました。この内容は，従来の最高裁の判例概念における「事業者が労働者に対して負っている労働契約上の債務で，事業者が事業遂行のために施設管理や労務管理にあたり，労働者の生命及び健康などを危険から保護するよう配慮すべき義務（1975年最高裁）」を踏襲するものであり，法文として成文化したという意味において大きな前進ということができます。

　さて，職場における労働者の安全と健康の確保は，事業者による配慮と管理だけで達成できるわけではありません。事業者が実施する災害防止措置への労働者側の協力が当然必要で，労働者による職場規律の遵守や作業手順の励行が

求められます。労働安全衛生法には，労働者の労働災害防止義務（労働者の責務）として，第4条で「労働者は，労働災害を防止するため必要な事項を守るほか，事業者その他の関係者が実施する労働災害の防止に関する措置に協力するように努めなければならない」と定めています。

　また，健康管理の面においても，健康診断の受診義務（健康診断）として，同法第66条第5項「労働者は，前各項の規定により事業者が行なう健康診断を受けなければならない。ただし，事業者の指定した医師又は歯科医師が行なう健康診断を受けることを希望しない場合において，他の医師又は歯科医師の行なうこれらの規定による健康診断に相当する健康診断を受け，その結果を証明する書面を事業者に提出したときは，この限りでない」，保健指導後の健康管理義務（保健指導等）として，第66条の7第2項「労働者は，前条の規定により通知された健康診断の結果及び前項の規定による保健指導を利用して，その健康の保持に努めるものとする」があります。さらに，健康の保持増進義務（健康教育等）として，第69条第2項「労働者は，前項の事業者が講ずる措置を利用して，その健康の保持増進に努めるものとする」もあります。

　このように，職場での不測の労働災害発生を防ぐためには，事業者による災害防止の措置だけでなく，労働者による災害防止活動への参加と協力，自分自身の自己保健義務が法的にも定められているのです。

3 早期対処の重要性

❶ 自己管理としての早期対処

　メンタルヘルス不調は，心理的な分野であるだけに発症の状態が第三者には分かりにくいという面があります。特に，初期の段階では，それが単なる一過性の心の反応なのか，それともすでに病的レベルの問題であるのかの区別はつきにくいものです。心理的な面は，本来であれば本人自身がその変調に気づくはずですが，本人の判断能力も低下していることがあるため，第三者の指摘によって初めて気づくという場合も少なくありません。気づきがあれば早期にその後の適切な対処行動に移ることができるので，この「体調不良」や「いつもと違う心の変化（ストレス状態にあること）」に気づくことが重要です。

　人によりストレスの現れ方は違います。「気分が乗らない」「少し落ち込んでいる」などの気分の面に強く出る人もいれば，微熱，腰痛，頭痛や食欲不振などの身体面に現れる人もいます。以前はなかったこのような心身の変調が起こっているのであれば，まずはこれらの変化を自分なりに理解して，冷静になって，何がストレスの原因なのかを考えてみましょう。

　多くの場合，独力で解決できる問題は多くありませんので，ぜひ友人や家族，職場の同僚や上司，あるいは産業医や看護職，事業場内産業保健スタッフ，主治医など，第三者に協力を求めましょう。自力で対処しきれない相談事やストレスは割り切って周囲の協力を求めることが早道です。場合によっては解決を後に回すという判断をすることも必要ですが，それも含めて周りの人に相談するのです。早め早めに対処していくことで問題が先送りされず，また被害も大きくならずにすみます。

❷ 事業場内システムによる早期対処

　事業者として健康管理に関して第一に取り組むべきは，産業保健スタッフを選任し健康診断と保健指導を適切に行うことです。定期健康診断の実施はもとより，深夜業等の特定業務従事者への6ヵ月以内ごとの健診や，過重労働者に対する医師による面接指導の実施，またストレスチェック後の医師による面接指導など，これらを確実に実施することで労働者との接点も増え，体調不良の早期発見につなげることができます。また，これに限らず気軽に看護職との面接（法的義務ではありません）が行えている事業場であれば，労働者が抱える課題や問題をさらに早くキャッチすることもできるでしょう（第6章1節❶参照）。

　2019年4月改正の労働安全衛生法（第13条の3）では，「事業者は，産業医又は前条第一項に規定する者による労働者の健康管理等の適切な実施を図るため，産業医又は同項に規定する者が労働者からの健康相談に応じ，適切に対応するために必要な体制の整備その他の必要な措置を講ずるように努めなければならない」とされたことから，労働者が健康相談を希望すれば産業医と相談することができることになっており，「産業医に対する健康相談の申出の方法（労働安全衛生規則第98条の2）」を含めて，事業者は労働者に周知徹底することが義務化されています（法第101条第2項）。法改正により，労働者は産業医（や医師）との健康相談が一層利用しやすくなっています。

　そもそも事業者には労働者の安全と健康を確保する義務がありますが，職場には「人間関係を通して，労働者の体調不良に気づくシステムが存在している」という面があります。上司を含めた日頃の労働者同士の配慮があれば，職場での大きな事故や病気にはつながりにくくなりますので，職場でのコミュニケーションが大切です。

第 **4** 章

ストレスへの気づき方

　自らのストレスに気づくことは，セルフケアの第一歩です。しかし，ストレスは目に見えないため，なかなか気づきにくいのも事実です。

　この章では，どのようなことがストレスの原因になりやすいかを，仕事と仕事以外に分けて解説します。また，自分でストレス状態に気づくためには，どのような変化や兆候に注目すればよいのかについても，身体面，行動面，心理面から解説します。

　さらに，ストレスに気づく主観的な感覚には個人差が大きいので，数値化が可能なチェックリストを活用するのも有用です。特に，職業性ストレス簡易調査票の特徴と活用の仕方についても学んでいきます。

1 注意すべきリスク要因

これまで，ストレスの概要，ストレスによって発生する健康障害，そしてセルフケアの重要性について述べてきました。実際にストレスを予防，軽減していくためには，まず第一に早い段階でストレスに気づくことが大切です。ここでは仕事上，もしくは仕事外においてストレス要因となり得る問題を整理し，早期に気づくためのサインとなるポイントをみていきます。

ストレスへの気づき方には，自分自身で気づく場合，人から指摘されて気づく場合，チェックリストやセミナー，テレビなど外部の情報によって気づく場合など，複数の状況があります。いずれの場合においても，前もってストレスとなり得るリスク要因，ストレスによって生じる異変などを知っておくことで，より早期にストレスへの気づきを得ることができます。

❶ 注意すべきリスクとは

特に，正社員として働いている労働者にとって仕事は，睡眠時間，通勤時間を除いたとき，生活において大半の時間を費やす活動といえるでしょう。長時間労働の問題があれば，家庭・趣味の時間などと比較して，仕事に費やす時間はより長くなり，仕事のストレスが労働者の健康に与える影響は大きなものとなってしまいます。

労働者個人への健康影響と同時に，仕事のストレスは所属する組織の健全な経営という観点からも懸案事項となります。強いストレスを抱えている労働者は，仕事のモチベーションや職務生産性を低下させてしまう傾向にあり，その結果，所属する組織も市場における競争力を低下させてしまいます。組織の経営悪化は，さらなる労働者個人への負担につながっていきます。

職場ストレスにおいては，仕事で要求される度合いが大きく，自由裁量の度

合いが小さく，社会的支援（ソーシャルサポート）が得られない場合に最もストレスが高くなるというストレスモデル（Demand-Control-Support Model：DCS モデル）が提唱されています。「仕事上のストレス」，特に「自分で仕事のやり方が決められない」という低コントロールの状態は，職場においてまず注意すべきリスク要因といえます。

❷ どんなリスクがあるのか

　厚生労働省が労災認定について定めた「心理的負荷による精神障害の認定基準」では，職場において心理的負荷となる出来事が7つの類型（①事故や災害の体験，②仕事の失敗，過重な責任の発生等，③仕事の量・質，④役割・地位の変化等，⑤パワーハラスメント，⑥対人関係，⑦セクシュアルハラスメント）に分けられて記されています。それらは，次頁の**図表1**のとおりにまとめられます。

　心理的負荷の強度は★で表現されていますが，この強度はⅠ⇒Ⅱ⇒Ⅲの順で強くなっていきます。表の項目を参考にして，現在自分に当てはまっているものがないか，今後発生しそうなものはないかチェックをしておくとよいでしょう。ただし，これらの出来事の強度は，必ずしも適切でない可能性があります。後述するように，労働者1人ひとりによって受け取り方や程度，反応の出方にも個人差がありますので，注意が必要です。

❸ ストレスの個人差

　ストレスを生じさせる外界からの刺激は「ストレス要因」と呼ばれますが，ストレス要因は，業種や職種，職位などによっても異なります。営業職の場合はオフィス外で働く時間が長いでしょうし，研究職の場合はオフィス内で働く時間が長いでしょうから，ストレス要因も特徴もそれぞれ異なることが考えられます。また，ある現象や状況がストレス要因となるかどうか，それがストレス要因であった場合の強さの程度は，人がその状況を「どう認知するか」に規

図表1 ストレスに関連するリスク（業務による心理的負荷評価表）

出来事の種類	平均的な心理的負荷の強度			
	具体的出来事	心理的負荷の強度		
		Ⅰ	Ⅱ	Ⅲ
①事故や災害の体験	（重度の）病気やケガをした			★
	悲惨な事故や災害の体験，目撃をした		★	
②仕事の失敗， 過重な責任の発生等	業務に関連し，重大な人身事故，重大事故を起こした			★
	会社の経営に影響するなどの重大な仕事上のミスをした			★
	会社で起きた事故，事件について，責任を問われた		★	
	自分の関係する仕事で多額の損失等が生じた		★	
	業務に関連し，違法行為を強要された		★	
	達成困難なノルマが課された		★	
	ノルマが達成できなかった		★	
	新規事業の担当になった，会社の建て直しの担当になった		★	
	顧客や取引先から無理な注文を受けた		★	
	顧客や取引先からクレームを受けた		★	
	大きな説明会や公式の場での発表を強いられた	★		
	上司が不在になることにより，その代行を任された	★		
③仕事の量・質	仕事内容・仕事量の（大きな）変化を生じさせる出来事があった		★	
	1か月に80時間以上の時間外労働を行なった		★	
	2週間以上にわたって連続勤務を行なった		★	
	勤務形態に変化があった	★		
	仕事のペース，活動の変化があった	★		
④役割・地位の変化等	退職を強要された			★
	配置転換があった		★	
	転勤をした		★	
	複数名で担当していた業務を1人で担当するようになった		★	
	非正規社員であるとの理由等により，仕事上の差別， 不利益取扱いを受けた		★	
	自分の昇格・昇進があった	★		
	部下が減った	★		
	早期退職制度の対象となった	★		
	非正規社員である自分の契約満了が迫った	★		
⑤パワーハラスメント	上司等から，身体的攻撃，精神的攻撃等のパワーハラスメントを受けた			★
⑥対人関係	同僚等から，暴行又は（ひどい）いじめ・嫌がらせを受けた			★
	上司とのトラブルがあった		★	
	同僚とのトラブルがあった		★	
	部下とのトラブルがあった		★	
	理解してくれていた人の異動があった	★		
	上司が替わった	★		
	同僚等の昇進・昇格があり，昇進で先を越された	★		
⑦セクシュアルハラスメント	セクシュアルハラスメントを受けた		★	

出所：厚生労働省「心理的負荷による精神障害の認定基準」を一部改変

定されます。ストレス要因に対する反応の仕方やその程度は，ストレスを受ける労働者1人ひとりによって大きく異なるものです。

　例えば，否定的な出来事が発生した際，悲観的なものの見方をする傾向のある人は，事態を「どうせ自分が悪い」「こういう嫌なことはずっと続く」「仕事以外でもこういう嫌なことは起きる」と捉えることで，楽観的なものの見方をする人よりも，うつ尺度の点数が高くなる傾向が指摘されています。

　また，第5章で詳しく述べますが，ストレスへの対処の方略（ストレスコーピング）もいくつかタイプがあります。大きく分けると情動焦点型コーピングと問題焦点型コーピングの2つの様式に分かれますが，情動焦点型は，回避，静観，気晴らしなど，ストレス状況に置かれたときに生じる否定的な情動そのものを軽減しようとするコーピングです。問題焦点型は，問題の明確化，情報収集，解決策の考案や実行など，ストレス状況における問題を解決するために環境や自分自身を積極的に変化させようとするコーピングです。

　このように同じ仕事上のストレス要因でも，それを受けとめる労働者の評価の仕方，コーピング方略，問題解決能力，対人関係スキルなどの違いによって，ストレスの深刻度合いやダメージが異なってきます。

2 仕事以外でのストレス

　労働者にとっては，仕事上のストレスは心身の健康状態に大きな影響を及ぼしますが，当然仕事以外のストレスも軽視はできません。例えば，家庭において夫婦関係に問題があったり，子供が病気になってしまった場合，その上でさらに仕事のストレスにさらされることで，心身の健康を損なうリスクはより一層高まるといえます。

　昨今はワーク・ライフ・バランスという言葉をよく耳にするようになっていますが，仕事と生活の調和は個人の健康に影響を与えるだけでなく，少子化対策など社会の活力向上にもつながります。

　では，仕事以外のストレスにはどのような内容があるか，みていきます。

❶ 個人生活におけるストレス

　アメリカのワシントン大学精神科に籍を置く Holmes らの研究者は，ストレス研究を実際の生活面に応用しようと試みました。彼らは臨床経験を通じて，「精神疾患の発症には発症以前に体験した生活上の出来事が深く関係し，特に出来事によって変化した生活環境にうまく適応できないほど発症の危険が高まる」と考えました。人生や日常生活を大きく変えることになる出来事が43項目抽出され，「社会的再適応評価尺度」と呼ばれるチェックリスト（**図表 2**）が作成されています。

　Holmes らの研究によると，過去 1 年間に経験したチェックリストにある生活上の出来事（ライフイベント）の回数と表の「ストレス値」を掛け合わせたものの合計点数が年間150〜199点の場合には37％，200〜299点の場合には51％，300点以上になると79％の人に何らかの疾患が発症していたことが明らかになっています。

図表2 社会的再適応評価尺度

順位	出来事	ストレス値	順位	出来事	ストレス値
1	配偶者の死	100	23	子どもの独立	29
2	離婚	73	24	親戚とのトラブル	29
3	夫婦の別居	65	25	自分の輝かしい成功	28
4	留置所などへの拘束	63	26	妻の転職や離職	26
5	家族の死	63	27	入学・卒業・退学	26
6	ケガや病気	53	28	生活の変化	25
7	結婚	50	29	習慣の変化	24
8	失業	47	30	上司とのトラブル	23
9	夫婦の和解	45	31	労働時間や労働条件の変化	20
10	退職	45	32	転居	20
11	家族の病気	44	33	転校	20
12	妊娠	40	34	趣味やレジャーの変化	19
13	性の悩み	39	35	宗教活動の変化	19
14	新しい家族が増える	39	36	社会活動の変化	18
15	転職	39	37	1万ドル以下の借金	17
16	経済状態の悪化	38	38	睡眠習慣の変化	16
17	親友の死	37	39	家族だんらんの変化	15
18	職場の配置転換	36	40	食習慣の変化	15
19	夫婦ゲンカ	35	41	長期休暇	13
20	1万ドル以上の借金	31	42	クリスマス	12
21	担保・貸付金の損失	30	43	軽度な法律違反	11
22	職場での責任の変化	29			

出所：Holmes T.H., Rahe R.H. The Social Readjustment Rating Scale, Journal of Psychosomatic Research. 1967; 11: 213-218.

勤労者のストレス点数のランキング（1,630名を対象に調査）

順位	ストレッサー	全平均	性　別		年　齢　別				
			男	女	～19歳	20歳～	30歳～	40歳～	50歳～
1	配偶者の死	83	83	82	82	85	84	80	78
2	会社の倒産	74	74	74	72	72	75	77	78
3	親族の死	73	71	78	74	72	77	72	73
4	離婚	72	72	72	75	74	71	70	67
5	夫婦の別居	67	67	69	67	67	70	67	68
6	会社を変わる	64	64	62	61	61	66	67	70
7	自分の病気や怪我	62	61	67	63	60	64	63	65
8	多忙による心身の過労	62	61	67	62	61	64	62	59
9	300万円以上の借金	61	60	65	70	63	59	56	59
10	仕事上のミス	61	60	65	62	58	61	64	66

注：点数が高いほどストレス度は強い。上位10位以上を示した。
出所：夏目誠「出来事のストレス評価」『精神神経学雑誌』より一部抜粋

　このチェックリストの上位をみて分かるように，ストレス値の高いライフイベントは仕事以外のものが多くなっています。日本でも追研究が行われており，1,630名の勤労者に調査を行ったところ，図表3のような結果が見られました。そこでもやはりアメリカの研究と同様に配偶者の死，離婚，夫婦の別居など「家族との離別」のストレス値が上位に挙がっていますが，会社の倒産が第2位に挙がっていることは日本の特徴を表すものといえるでしょう。

❷ さまざまなトラブル

　社会構造が複雑化する中，生活の中で直面するトラブルもまた複雑化しています。振り込め詐欺や，インターネット・スマートフォンの普及にともなうワンクリック詐欺，SNS上でのいじめや誹謗中傷など，生活が便利になる一方で，新しいトラブルも増加している状況です。

　働き方の変化，特に在宅勤務の拡大は，通勤が不要になることで時間の余裕を生み出しましたが，一方で仕事上のコミュニケーションの難しさ，仕事のオンとオフの切り替えの難しさ，運動量の減少など，新たなストレスを生み出し

図表4 さまざまなトラブル

●キャッチセールス ●頻繁な電話セールス ●迷惑メール ●個人情報流出 ●借金問題 ●頻繁な宗教などの勧誘	●SNS いじめ・誹謗中傷 ●マルチ商法 ●架空請求（振り込め詐欺） ●不倫問題 ●ストーカー ●近隣トラブル 　　　　　　　　　　など

出所：筆者作成

ています。

　図表4のような，さまざまなトラブルもまた重大なストレスとなり得ますので，注意が必要です。

3 いつもと違う自分に気づく

　先述したように，ストレスの受けとめ方や反応は個人差が大きいものです。ただし，長時間にわたってストレス要因の刺激を受けた場合や，強いストレス要因を受けたときに生じるストレス反応は，ストレス要因の種類に関係なく心身に同様の反応が起きてきます。これは「汎適応症候群」と呼ばれますが，この反応による身体面・行動面・心理面の異変を捉えることが，ストレスへの気づきにつながります。

❶ 身体面の変化

　ストレスがかかると，**図表5**のような反応が身体の異変として発生する可能性があります。これらの変化は，「具合の悪さ」として体感されるため，自分で気づきやすいという特徴をもちます。

　これらの異変はさまざまな身体面の異常，疾患を引き起こす可能性があります。胃・十二指腸潰瘍や下痢・腹痛を繰り返す過敏性腸症候群などの消化器系疾患，そして気管支喘息，過換気症候群などの呼吸器系疾患は代表的な心身症といえます（**図表6**）。

　ただし，身体の異変をストレスとばかり思い込むと，実際の身体疾患を見落とすおそれがありますから，注意が必要です。

図表5　身体面の変化

> 急性反応：動悸・発汗・顔面紅潮・胃痛・下痢・振戦（ふるえ）・筋緊張
> 慢性反応：疲労・不眠・循環器系症状・消化器系症状・神経筋肉系症状

出所：岩田昇「主観的ストレス反応の測定」『産業ストレス研究』

図表6 身体面の異常

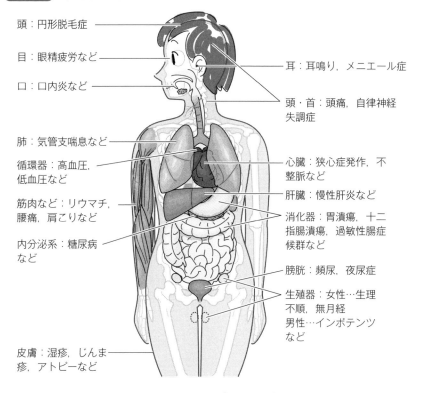

頭：円形脱毛症

目：眼精疲労など

口：口内炎など

肺：気管支喘息など

循環器：高血圧，低血圧など

筋肉など：リウマチ，腰痛，肩こりなど

内分泌系：糖尿病など

皮膚：湿疹，じんま疹，アトピーなど

耳：耳鳴り，メニエール症

頭・首：頭痛，自律神経失調症

心臓：狭心症発作，不整脈など

肝臓：慢性肝炎など

消化器：胃潰瘍，十二指腸潰瘍，過敏性腸症候群など

膀胱：頻尿，夜尿症

生殖器：女性…生理不順，無月経　男性…インポテンツなど

出所：文部科学省「在外教育施設安全対策資料【心のケア編】」を改変

❷ 行動面の変化

　行動面では，**図表7**のような反応が異変として発生する可能性があります。これらの変化は，自分では気づかなくても，家族や友人・同僚など，周囲の人にも気づかれやすいという特徴をもっています。

　行動面では，労働者にとっての仕事ぶり（**図表8**），特に勤怠などの出勤状況は客観的なデータで把握しやすいポイントといえます。仕事ぶりや出勤状態

急性反応：回避・逃避・エラー・事故・口論・けんか
慢性反応：遅刻・欠勤・作業能率の低下・大酒・喫煙・やけ食い・生活の乱れ

出所：岩田昇「主観的ストレス反応の測定」『産業ストレス研究』

図表8 仕事ぶりの変化

1. 遅刻，早退，欠勤など勤怠が通常でなくなる
2. 高い事故発生率
3. 以前は素早くできた仕事に時間がかかる
4. 以前は正確にできた仕事にミスが目立つ
5. ルーチンの仕事に手こずる
6. 職務遂行レベルが良かったり悪かったりする
7. 取引先や顧客からの苦情が多い
8. 同僚との言い争いや，気分のムラが目立つ
9. 期限に間に合わない
10. 平均以上の仕事ができない

出所：ジュディス・A・ルイス，マイケル・D・ルイス／中澤次郎編訳『EAP　アメリカの産業カウンセリング』を改変

は職場の上司が管理を行っているポイントでしょうから，上司から指摘があった場合は素直に自分を振り返ってみる姿勢が大切といえます。

❸ 心理面の変化

心理面では，ストレスがかかると**図表9**のような反応が異変として発生する可能性があります。これらの変化も，「具合の悪さ」として体感されますが，気づいたとしても対処の仕方が難しいという特徴をもちます。

図表9 心理面の変化

急性反応：不安・緊張・怒り・興奮・混乱・落胆
慢性反応：不安・短気・抑うつ・無気力・不満・退職願望

出所：岩田昇「主観的ストレス反応の測定」『産業ストレス研究』

心理面の変化を捉えた際，「こういう状態になっているのは，自分が性格的に弱いからだ」「自分がしっかりしていないからだ」と認知してしまう場合も多いといえます。逆に，職場批判へと気持ちが向かい，その結果，職場内の人間関係がぎくしゃくしてしまう場合もありますので，十分な注意が必要です。

❹ いつもと違う自分に気づく

ストレスによって生じる心身の異変は，ある程度の傾向をつかむことはできても，やはりその出方は人それぞれといえます。そこで，ストレスに気づく大事な視点は「いつもと違う自分に気づく」ということです（図表10）。

例えば，ふだんから胃腸を壊しやすい人が，ストレスで胃痛を発生させたとしても，「またか」と捉えて「いつもと違う」とは捉えにくいでしょう。ふだんは胃腸の丈夫な人がストレスで胃痛を発生させたとしたら，「いつもと違う」と捉えるはずです。

このように，「いつもと違う」というのは，外部の基準に照らし合わせた「違い」を見つけることではなく，他人と比較をした「違い」を捉えることで

図表10 自分が気づく変化

1. 悲しい，憂鬱な気分，沈んだ気分
2. 何事にも興味がわかず，楽しくない
3. 疲れやすく，元気がない（だるい）
4. 気力，意欲，集中力の低下を自覚する（おっくう，何もする気がしない）
5. 寝付きが悪くて，朝早く目がさめる
6. 食欲がなくなる
7. 人に会いたくなくなる
8. 夕方より，朝方のほうが気分，体調がわるい
9. 心配事が頭から離れず，考えが堂々巡りする
10. 失敗や悲しみ，失望から立ち直れない
11. 自分を責め，自分は価値がないと感じる　　など

出所：厚生労働省「うつ対策推進方策マニュアル—都道府県・市町村職員のために—」

もなく，自分自身の内的な変化を捉えることがポイントになります。「いつもと違う」が2週間の期間にわたって継続する場合には，専門家に相談してみるなど，実際の対処が必要といえます。

4 ストレスのセルフチェック

　ストレスに気づくためには，信頼できるチェックリストを利用して，定期的にチェックをして，自分の状態を確認しておくことが役に立ちます。紙やコンピュータを用いてチェックリストに回答し，結果やその評価をみることによって，ストレスへの気づきのための参考にすることができます。

❶ 簡易チェックリスト（職業性ストレス簡易調査票）

　「職業性ストレス簡易調査票」は，ストレスチェック制度において使用が推奨されている自己記入式のチェックリストです（**図表11**）。この調査票は，平成7〜11年度労働省（現厚生労働省）委託研究「作業関連疾患の予防に関する研究」の「ストレス測定」研究グループの成果物で，信頼性の高いチェックリストといえます。

　従来の標準化された調査票とは異なり，以下のような特徴を有しています。

① ストレスの反応だけではなく，仕事上のストレス要因，ストレス反応，および修飾要因が同時に測定できる，多軸的な調査票である。

② ストレス反応では，心理的反応ばかりでなく身体的反応（身体愁訴）も測定できる。

③ 心理的ストレス反応では，ネガティブな反応ばかりでなく，ポジティブな反応も評価できる。

④ あらゆる業種の職場で使用できる。

⑤ 項目数が57項目と少なく，約10分で回答できるため，職場で簡便に使用できる。

　回答の仕方は4件法（例：1＝そうだ，2＝まあそうだ，3＝ややちがう，4＝ちがう）ですので，中間の数字にチェックをする傾向を抑えられます。

フリガナ		
氏名		

マークの仕方

良い例 / 悪い例（細い・短い・うすい・はみでる）

マーク上の注意
- マークはHBの鉛筆で、はっきりマークしてください。（ボールペン・サインペン等は不可）
- マークを消す時は、消しゴムで完全に消し、消しくずを残さないでください。

社員コード番号 ／ 年齢 ／ 性別 男 女 ／ 受診番号

（マークシート欄 0〜9）

あなたの仕事についてうかがいます。
最もあてはまるものをぬりつぶしてください。

（そうだ／まあそうだ／ややちがう／ちがう）

1. 非常にたくさんの仕事をしなければならない ① ② ③ ④
2. 時間内に仕事が処理しきれない ① ② ③ ④
3. 一生懸命働かなければならない ① ② ③ ④
4. かなり注意を集中する必要がある ① ② ③ ④
5. 高度の知識や技術が必要な難しい仕事だ ① ② ③ ④
6. 勤務時間中はいつも仕事のことを考えていなければならない ① ② ③ ④
7. からだを大変よく使う仕事だ ① ② ③ ④
8. 自分のペースで仕事ができる ① ② ③ ④
9. 自分で仕事の順番・やり方を決めることができる ① ② ③ ④
10. 職場の仕事の方針に自分の意見を反映できる ① ② ③ ④
11. 自分の技能や知識を仕事で使うことが少ない ① ② ③ ④
12. 私の部署内で意見のくい違いがある ① ② ③ ④
13. 私の部署と他の部署とはうまが合わない ① ② ③ ④
14. 私の職場の雰囲気は友好的である ① ② ③ ④
15. 私の職場の作業環境（騒音、照明、温度、換気など）はよくない ① ② ③ ④
16. 仕事の内容は自分にあっている ① ② ③ ④
17. 働きがいのある仕事だ ① ② ③ ④

最近1か月間のあなたの状態についてうかがいます。
最もあてはまるものをぬりつぶしてください。

（ほとんどなかった／ときどきあった／しばしばあった／ほとんどいつもあった）

1. 活気がわいてくる ① ② ③ ④
2. 元気がいっぱいだ ① ② ③ ④
3. 生き生きする ① ② ③ ④
4. 怒りを感じる ① ② ③ ④
5. 内心腹立たしい ① ② ③ ④
6. イライラしている ① ② ③ ④
7. ひどく疲れた ① ② ③ ④
8. へとへとだ ① ② ③ ④
9. だるい ① ② ③ ④
10. 気がはりつめている ① ② ③ ④
11. 不安だ ① ② ③ ④
12. 落着かない ① ② ③ ④
13. ゆううつだ ① ② ③ ④

（ほとんどなかった／ときどきあった／しばしばあった／ほとんどいつもあった）

14. 何をするのも面倒だ ① ② ③ ④
15. 物事に集中できない ① ② ③ ④
16. 気分が晴れない ① ② ③ ④
17. 仕事が手につかない ① ② ③ ④
18. 悲しいと感じる ① ② ③ ④
19. めまいがする ① ② ③ ④
20. 体のふしぶしが痛む ① ② ③ ④
21. 頭が重かったり頭痛がする ① ② ③ ④
22. 首筋や肩がこる ① ② ③ ④
23. 腰が痛い ① ② ③ ④
24. 目が疲れる ① ② ③ ④
25. 動悸や息切れがする ① ② ③ ④
26. 胃腸の具合が悪い ① ② ③ ④
27. 食欲がない ① ② ③ ④
28. 便秘や下痢をする ① ② ③ ④
29. よく眠れない ① ② ③ ④

あなたの周りの方々についてうかがいます。
最もあてはまるものをぬりつぶしてください。

次の人たちはどのくらい気軽に話ができますか？
（非常に／かなり／多少／全くない）

1. 上司 ① ② ③ ④
2. 職場の同僚 ① ② ③ ④
3. 配偶者、家族、友人等 ① ② ③ ④

あなたが困った時、次の人たちはどのくらい頼りになりますか？

4. 上司 ① ② ③ ④
5. 職場の同僚 ① ② ③ ④
6. 配偶者、家族、友人等 ① ② ③ ④

あなたの個人的な問題を相談したら、次の人たちはどのくらいきいてくれますか？

7. 上司 ① ② ③ ④
8. 職場の同僚 ① ② ③ ④
9. 配偶者、家族、友人等 ① ② ③ ④

満足度について
（満足／まあ満足／やや不満足／不満足）

1. 仕事に満足だ ① ② ③ ④
2. 家庭生活に満足だ ① ② ③ ④

出所：大野裕・下光輝一・中村賢・横山和仁『「ストレス測定」研究グループ成果物　職業性ストレス簡易調査票使用マニュアル　平成11年度作業関連疾患の予防に関する研究』，労働の場におけるストレス及びその健康影響に関する研究報告書，p.358，2000年

❷ 結果の出し方と注意点

　職業性ストレス簡易調査票は，厚生労働省のウェブサイト上（https://stresscheck.mhlw.go.jp/）で入手可能です。結果のフィードバックプログラムやマニュアルもダウンロード可能です（Windows版）。

　結果の出し方には2通りあり，標準化得点を用いた方法と簡易判定法とがあります。標準化得点を用いた方法は，ウェブサイトを見られる環境がある場合，厚生労働省のポータルサイト「こころの耳」（https://kokoro.mhlw.go.jp/check/）でチェックが可能です。簡易判定法については，**図表12**を参照してください。記入した調査票と照らし合わせ，グレーになっている部分の数を枠で囲まれた尺度ごとに数え，その数が指定の数以上であればストレス状態にあることが疑われると判断されます。

　マニュアルによると，仕事のストレス要因において，「仕事の負担度」「仕事のコントロール度」「仕事での対人関係」「仕事の適合性」のいずれか2つに要チェックとなっている場合は，要チェックのない場合と比較して，「心理的ストレス反応要チェック」となるリスクが男性では2.4倍，女性では2.5倍，要チェックが3つの場合は，男性では4.6倍，女性では5.6倍，4つの場合は男性では6.6倍，女性では7.6倍になると報告されています。また，同様に，「身体的ストレス反応要チェック」となる確率も，ストレス要因に要チェックがついた数が多くなるに応じて高まることが明らかになっています。

　職業性ストレス簡易調査票は，自分で記入する調査票であり，使用に当たっては以下のような点を理解し，注意した上で活用していく必要があります。

① 職業性のストレス調査票であり，仕事外のストレス要因など，例えば家庭におけるストレス要因などについては測定していない。

② 回答者のパーソナリティについて考慮されていない。評価に当たっては，自記式の調査票にみられる個人の回答の傾向について，考慮する必要がある場合がある。

③ 調査時点のストレス状況しか把握できない。

図表12 簡易判定法

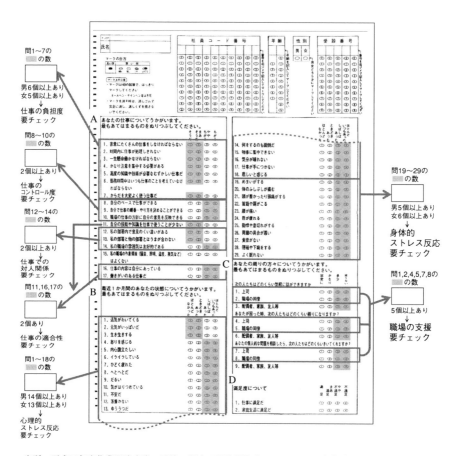

出所：平成11年度作業関連疾患の予防に関する研究報告書，p.153,164より作成

④ 結果が，必ずしもいつも正確な情報をもたらすとは限らない。

以上のような理由のため，調査票はあくまで参考資料として活用し，調査票の結果のみで自分のストレス状況を判断することのないように注意が必要です。特に，うつ病などの精神疾患を診断するものではないということは，十分な認識が必要です。

なお，東京大学大学院医学系研究科精神保健学分野が運営する「事業場におけるメンタルヘルスサポートページ」（http://www.jstress.net）では，「新職業性ストレス簡易調査票」が2012年4月から公開されており，自由に活用することができます。

今日，労働者のストレスやメンタルヘルスは，より広い職場要因によって影響を受けます。新職業性ストレス簡易調査票は，現行の職業性ストレス簡易調査票に新しい尺度を追加することで，職場環境をより広く測定できるようになりました。また，労働者の仕事へのポジティブな関わり，職場の一体感なども測定できるようになっています。

❸ 定期チェックの重要性

ストレスのセルフチェックの結果は，性格検査の結果のようにある程度一定の数値を安定して示すものではなく，仕事の局面やそのときの職場環境，健康状態などによって大きく左右されます。結果がいつも同じで，いつも正確な情報をもたらすとは限りませんので，年に1回実施されるストレスチェック制度だけでなく，「こころの耳」を活用するなどして定期的にチェックを行い，自分の状況を確認しておくことが望ましいといえます。

セルフチェックの結果，心配な点があった場合には，第5章1，2節を参考に具体的な対処へとつなげていく必要があります。自分では軽減できないストレス要因が継続してある場合は，上司への相談が必要でしょう。

ストレス反応が大きく出ているようであれば，産業保健スタッフに相談しましょう。事業所内に相談できるスタッフがいない場合には，第6章1節にある「活用できる資源」を参考にしてください。

【参考文献】
1) 厚生労働省労働基準局補償課「心理的負荷による精神障害の認定基準の改正について」2020年
2) 厚生労働省安全衛生部労働衛生課監修『厚生労働省指針に対応したメンタルヘルスケアの基礎』中央労働災害防止協会，2002年
3) 職場における心の健康対策班編『こころのリスクマネジメント＜勤労者向け＞―あなたとあなたの周囲の人のために―』中央労働災害防止協会，2004年
4) ㈱ジャパンEAPシステムズ編『EAPで会社が変わる！―人事部・管理職のためのメンタルヘルス対策―』税務研究会出版局，2005年
5) 文部科学省「在外教育施設安全対策資料【心のケア編】」2003年（http://www.mext.go.jp/a_menu/shotou/clarinet/002/003/010.htm）
6) 岩田昇「主観的ストレス反応の測定」『産業ストレス研究』5巻1号，pp.7-13，1997年
7) 小杉正太郎編著『ストレス心理学―個人差のプロセスとコーピング―』川島書店，2002年
8) 下光輝一「職業性ストレス簡易調査票を用いたストレスの現状把握のためのマニュアル―より効果的な職場環境等の改善対策のために―」平成14年〜16年度厚生労働科学研究費補助金労働安全衛生総合研究【職場環境等の改善によるメンタルヘルス対策に関する研究】
9) 大野裕・下光輝一・中村賢・横山和仁「『ストレス測定』研究グループ成果物　職業性ストレス簡易調査票使用マニュアル　平成11年度作業関連疾患の予防に関する研究」労働の場におけるストレス及びその健康影響に関する研究報告書，2000年
10) 厚生労働省「うつ対策推進方策マニュアル―都道府県・市町村職員のために―」地域におけるうつ対策検討会，2004年
11) 夏目誠「出来事のストレス評価」『精神神経学雑誌』110巻3号，pp.182-188，2008年
12) ジュディス・A・ルイス，マイケル・D・ルイス／中澤次郎編訳『EAP（従業員援助活動）アメリカの産業カウンセリング』日本文化科学社，1997年

第5章 ストレスへの対処, 軽減の方法

　労働者がストレスから健康を守り, 働きがいをもって生活するためには, 労働者自身がストレスを軽減, 対処する方法を身につける必要があります。

　この章では, さまざまなストレス対処の方法について解説しています。睡眠や運動のような生活習慣による方法, リラクセーションやマインドフルネス, ソーシャルサポートの活用, 困難な場面に遭遇したときのストレスコーピング, さらにカウンセリングや相談の有用性についても解説します。

　これらは, ただ単に知識として理解するだけではなく, 日常の生活場面で活用できなければ意味がありません。関心のある方法を実際に試してみてください。

1 ストレスへの対処，軽減の方法

❶ ストレスの軽減方法

① 休養・睡眠

　人間は休養によって疲労を解消し，明日への活力を取り戻します。また，睡眠は脳の休息であり，心身の健康維持のためには欠かすことはできません。

　睡眠不足や睡眠障害などの睡眠の問題があると，疲労感がもたらされ，日中に眠気が生じ，それが作業効率の低下，情緒不安定，行動や判断のミスにつながります。実際に，労働災害や交通事故の背景に睡眠の問題があることが多いことなどから社会問題化しています。さらに，睡眠不足が長期にわたると，交感神経系優位が持続されるため疲労の蓄積や心循環器系への負担増をもたらし，高血圧，糖尿病，心臓病，脳卒中など生活習慣病のリスクを高めます。また，うつ病のリスクを高めることも分かっています。

　快適な睡眠のためには，①光，②体温，③自律神経系，④寝室環境の条件を整えることがポイントです。具体的には以下のような工夫をしてください。

①光：眠気を生じさせるホルモンであるメラトニンは，朝の光を浴びることで生成されます。身体に分泌されるのは，朝に光を浴びてから14〜16時間後になるので，例えば朝8時に起床して光を浴びると14時間後の22時頃に眠気が生じることになります。毎日同じ時刻に起床し，光を浴びることで睡眠の条件を整えます。朝寝坊は寝つきを悪くするばかりか，身体のリズムの乱れを招き，さまざまな不調のもとになりますので注意してください。

②体温：人は眠りに入る過程で体温が約1度低下し，この体温変化の過程で深い眠りに入っていきます。ぬるいお風呂にゆったりつかって入眠前の体温を高めに保つと，入眠時の体温変化が急になり，眠気を強く感じ

ることになります。夕食で温かい食事をとることも，入眠前の体温を高めに保つのに効果的です。

③ **自律神経系**：昼間は活動のために交感神経系が優位となり，夜は休息するよう副交感神経系が優位となります。夜には，交感神経系のたかぶりを抑え副交感神経系優位の状態にするため，明るすぎない静かな環境で過ごします。夜遅くまでパソコンに向かったり，ゲームをしたりすることは控えましょう。

④ **寝室環境**：寝室が明るすぎたり，暑すぎたり，騒音があったりすると入眠の妨げになります。寝室は間接照明などで暗めにし，カーテンも遮光のものにするとよいでしょう。アロマ（香り）や音楽などを工夫すると，さらにリラックスできます。

以上のような工夫については，2014年に厚生労働省から公表された「健康づくりのための睡眠指針2014」（**図表1**）に具体的に示されていますので参考にしてください。睡眠指針によると，睡眠時間や睡眠パターンは個人差が大きいので，8時間睡眠にこだわらないことが大切とされています。何時間寝たかではなく，日中しっかり目覚めて過ごせているかを目安に，快適な睡眠が確保されているかどうかを評価しましょう。

しかし，交替制勤務などで本来眠る夜間に働き，昼間に眠らなければならない方は，人間が本来もっている自然なリズムに反しているため，不眠が生じやすくなります。そこで，睡眠指針の健康法に加え，次のような健康法も併せて心がけてください。

① 夜勤の時間帯は，できるだけ職場の照明を明るくする

② 夜勤シフトに入る2日前から遅くまで起きておくようにし，遅く寝る

③ 夜勤明けの帰宅時には，サングラスで眼に強い光が入らないようにする

④ 寝室は雨戸や遮光カーテンなどで，できるだけ暗くする

⑤ 夜勤明け当日の帰宅してすぐの睡眠は2～3時間にとどめ，明るいうちに起きて活動的に過ごす

睡眠健康法を実行してもどうしても寝つけない，熟眠感がない，十分な時間寝ているのに日中に強い眠気がある，睡眠中に激しいいびきをかくなどのよう

健康づくりのための睡眠指針

> 1. 適度な運動，しっかり朝食，ねむりとめざめのメリハリを
>   ① 定期的な運動が効果的，激しい運動はかえって睡眠を妨げる
>   ② 朝食はからだと心のめざめに重要
>   ③ 「睡眠薬代わりの寝酒」は睡眠を悪くする
>   ④ 就床前の喫煙やカフェイン摂取を避ける
>
> 2. 睡眠による休養感は，こころの健康に重要
>   ① 眠れない，睡眠による休養感がない場合は，こころのSOSの場合あり
>   ② 睡眠による休養感がなく，日中も辛い場合，うつ病の可能性も
>
> 3. 年齢や季節に応じて，昼間の眠気で困らない程度の睡眠を
>   ① 自分にあった睡眠時間があり，8時間にこだわらない
>   ② 年齢を重ねると睡眠時間は短くなるのが普通
>   ③ 日中の眠気で困らない程度の自然な睡眠が一番
>
> 4. 良い睡眠のためには，環境づくりも重要
>   ① 自分にあったリラックス法が眠りへの心身の準備となる
>   ② 不快な音や光を防ぐ環境づくり，寝具の工夫
>
> 5. 目が覚めたら日光を浴びる
>   ① 目が覚めたら光を浴びて体内時計をスイッチオン
>   ② 夜更かしは睡眠を悪くする
>
> 6. 疲労回復・能率アップに，毎日十分な睡眠を
>   ① 日中の眠気が睡眠不足のサイン
>   ② 睡眠不足は結果的に仕事の能率を低下させる
>   ③ 睡眠不足が蓄積すると回復に時間がかかる
>   ④ 午後の短い昼寝でリフレッシュ
>
> 7. 眠くなってからふとんに入り，起きる時刻は遅らせない
>   ① 眠たくなってから寝床に就く，就床時刻にこだわりすぎない
>   ② 眠ろうとする意気込みが頭を冴えさせ寝つきを悪くする
>   ③ 眠りが浅いときは，むしろ積極的に遅寝・早起きに
>
> 8. いつもと違う睡眠には要注意
>   ① 睡眠中の激しいいびき・呼吸停止，手足のぴくつき・むずむず感や歯ぎしりは要注意
>   ② 眠っても日中の眠気や居眠りで困っている場合は専門家に相談

出所：厚生労働省「健康づくりのための睡眠指針2014」2014年3月より一部改変

なときは，心や身体の病気の可能性もあります。ひとりで悩まず，早めに事業場内の産業保健スタッフや事業場外の専門家に相談してください。例えば，うつ病では，早朝に目が覚めてしまいそれっきり眠れない，熟眠感がないなどの睡眠障害を必ずともないます。こうした症状がある場合は，専門家に相談する必要があります。

② 運動・食事

運動がストレス解消法として効果的であることはよく知られています。また，近年のさまざまな研究から，抑うつの予防や軽度の抑うつのセルフケアに運動が有効であることが示されています。さらに，運動は，①寝つきをよくし，②睡眠時間を長く，③睡眠を深くする，という点で睡眠の質の改善にも効果が認められています。自分のライフスタイルや興味に合った運動を見つけ，無理なく楽しみながら行うことが大切です。

また，仕事が忙しいと食事の時間が不規則になったり，外食の機会が増えるなど，食事がおろそかになりやすいのですが，食事は身体の健康のみならず心の健康にも大きく影響しているので，食事を見直す必要があります。

ストレスが加わると，体内ではストレスに対抗するため，アドレナリンやコルチゾールなどの抗ストレスホルモンを分泌する仕組みになっています。抗ストレスホルモンの合成にはビタミンB・C群が必要なため，ストレスがかかったときにはこれらのビタミンが消耗します。したがって，ストレス下ではビタミンB・C群の補給が必要になります。ビタミンB群を多く含む食品として，豚肉，乳製品，レバー，納豆など，ビタミンCは野菜，くだものがあります。また，ストレスがかかるとタバコやお酒の量が増えますが，これによってビタミンCが失われますので，意識的に補うことが大切です。

また，カルシウム，マグネシウムは精神安定に効果があり，特にカルシウムはこの効果が大きく，不足するとイライラすることが知られています。カルシウムは小魚，海藻類，乳製品に，マグネシウムはナッツ類，大豆などに多く含まれています。

ストレスによってホルモン分泌が盛んになると，たんぱく質の代謝を亢進させますので，たんぱく質を食事で補うことも必要です。たんぱく質は肉類，魚類などに多く含まれています。

しかし，強いストレス下では食欲も低下し，必要な栄養素の補給を食事でとることが難しくなりますので，ふだん以上に栄養に気を配ってください。

③ リラクセーション

　日常生活では，程度の差はあっても，何かしらのストレスを感じているはず
です。ストレスを感じた後は，そこから自分を解放し，十分リラックスした状
態におくことがストレスによる悪影響を予防するためには大事です。

　心身をリラックスした状態へと導く実際的な方法（リラクセーション法）に
は種々の方法がありますが，代表的な方法として呼吸法，漸進的筋弛緩法，自
律訓練法などがあります。その他，音楽，ヨガ，アロマテラピーなどもリラク
セーションのための方法として用いられています。

　これらの方法に共通するポイントとしては，

　① 楽な姿勢，服装で行う

　② 静かな環境で行う

　③ 心を向ける対象をつくる（「落ち着いている」などの言葉，音楽，イメー
　　　ジ，身体感覚など）

　④ 受動的態度（身体の状態にそっと目を向ける）

が挙げられます。

　a）呼吸法

　呼吸には，胸部のみによる浅く速い胸式呼吸と，横隔膜を上下させる規則的
で長くゆっくりとした腹式呼吸があります。緊張したときや不安なときは胸式
呼吸となっていますので，意識的に深くゆっくりとした腹式呼吸をすることで
心身をリラックスさせることができます。

　意識を呼吸に集中させながら，以下のように行います（図表2）。

　① 息を吐く（お腹の動きを感じるために，両手を重ねてお腹の前に当て，
　　　少し背中を丸める）

　② ゆっくり息を吸う（4拍数えながら）⇒ お腹が膨らむ

　③ ゆっくり息を吐く（8拍数えながら）⇒ お腹がへこむ

　④ ②と③を繰り返す

　最初は3分間続けられることを目標にし，徐々に長くできるように練習しま
しょう。

① 息を吐く ② ゆっくり息を吸う ③ ゆっくり息を吐く

出所：中央労働災害防止協会「心とからだのオアシス」2008年秋号を参考に作成

b) 漸進的筋弛緩法

　不安や緊張と筋緊張は密接に関係していますので，緊張すると自然と身体が
こわばります。緊張した会議などの後に肩が凝ったりした経験は誰にでもある
でしょう。心の緊張をいきなり解いてリラックスするのは難しいので，逆に緊
張した筋肉のこわばりを解きほぐすことで心をリラックスさせます。

　職場でもできるような簡単な方法で，「腕」と「肩」の筋肉をゆるめる手順
を紹介します（**図表3**）。

腕：① 力を入れて両腕を前に伸ばしていき，拳を握り前腕部を力むように
　　　する

　　② 力を入れたまま，肘から腕を曲げ，上腕に力を入れる

　　③ 力を入れたまま，再び腕を前に伸ばしていき，手指もしっかり伸ば
　　　して力を入れた後で，両腕を脱力していく

　　④ リラックスする

肩：① 肩をすぼめ，約10秒間両肩に力を入れたままにする

　　② その後，ストンと肩を落とし，脱力する

　　③ リラックスする

筋肉に力を入れたときの感覚と筋肉を弛緩させたときの感覚を交互に感じま

● 「腕」

① 力を入れて両腕を前に伸ばしていき，拳を握り前腕部を力むようにする

② 力を入れたまま肘から腕を曲げ，上腕に力を入れる

③ 力を入れたまま，再び腕を前に伸ばしていき，手指もしっかり伸ばして力を入れた後で，両腕を脱力していく

④ リラックスする

● 「肩」　① 肩をすぼめ，約10秒間両肩に力を入れたままにする

② その後，ストンと肩を落とし，脱力する

③ リラックスする

出所：中央労働災害防止協会「心理相談専門研修テキスト」2006年を参考に作成

すが，筋肉の緊張と弛緩の感覚の差を大きくすることで，リラックスした状態を感じやすくなります。

　c）自律訓練法

　自律訓練法は，自己暗示の練習によって不安や緊張を軽減させ，筋肉を弛緩させ自律神経系の働きのバランスを整えます。ストレスに由来する身体症状の治療法として用いられていますが，リラクセーション法としても広く利用されています。治療法として実施される場合は専門家の指導のもとに実施されるのですが，リラクセーション法としては標準練習の部分を取り出して行われます。全部の公式を実施しなくても重感練習と温感練習だけでも十分とされています。

　自律訓練法の標準練習手順を以下に示します（**図表4**）。

　① 背景公式（安静練習）……「気持ちが落ち着いている」と暗示する

図表4 自律訓練法

・自律訓練を行うときの姿勢（3種類）

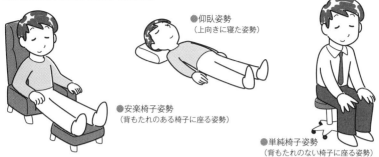

●仰臥姿勢
（上向きに寝た姿勢）

●安楽椅子姿勢
（背もたれのある椅子に座る姿勢）

●単純椅子姿勢
（背もたれのない椅子に座る姿勢）

・自律訓練の標準練習

●背景公式（安静練習）
「気持ちが落ち着いている」

深呼吸

●第1公式（重感練習）
「両手両脚が重たい」

重 重
重 重

●第2公式（温感練習）
「両手両脚が温かい」

温 温
温 温

●消去動作

背伸びする

息を吐く

腕を曲げ伸ばしする

出所：中央労働災害防止協会「管理監督者・産業保健スタッフ等のためのメンタルヘルス指針基礎研修テキスト」2004年度版を参考に作成

② 第1公式（重感練習）……「両手両脚が重たい」と暗示する

③ 第2公式（温感練習）……「両手両脚が温かい」と暗示する

④ 消去動作………………… 両手の開閉運動，両肘の屈伸運動を数回行い，
続いて背伸びしながら息を吐いて最後に目を
開ける

　これらの練習はなるべく静かなところで，椅子にゆったり座るか，仰向けに
寝て実施します。練習が終わったら必ず消去動作をします。両手でこぶしをつ
くって力を入れた後，ゆっくり開きます。両肘の屈伸運動をしたあと大きく背
伸びをしてけだるい感じをとります。

　なお，背景公式および重・温感練習中や練習後に不安感やイライラ感があっ
たり，不快感をともなう胸痛や頻脈が出現する場合は練習を中止してください。

④認知行動療法など

a）認知行動療法

　認知行動療法の認知は cognition，行動は behavior，療法は therapy で，
Cognitive Behavioral Therapy となり，頭文字を取って CBT と呼ばれること
がよくあります。この名前のとおり，認知行動療法は認知と行動の両面からの
働きかけによりセルフコントロール力を高めて，ストレス，抑うつ，不安など
さまざまな問題の改善を図る心理療法の技法の総称です。もとは行動に焦点を
当てた行動療法と，思考など認知に焦点を当てた認知療法が1960年代に米国の
精神科医である Beck A.T. により統合され，理論的にも実務的にも認知行動療
法と呼ばれるようになりました。

　認知行動療法の基本モデルでは，ストレスを個人を取り巻く環境におけるス
トレス状況と，そのストレス状況から生じるストレス反応に分けて捉え，さら
にストレス反応をもう少し細かくして，認知（思考），気分（感情），行動，身
体反応の4領域に分けて理解します（**図表5**）。ストレス状況（環境），認知，
気分，行動，身体反応の状態は互いに影響し合っており，ストレス状況をどう
捉えるかという認知が変われば，気分，行動，身体反応は変化します。

　落ち込みやすい人は，ちょっとした失敗を取り返しのつかない失敗だと考え

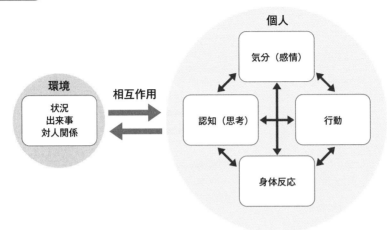

図表5 認知行動療法の基本モデル

出所：伊藤絵美『ケアする人も楽になる認知行動療法入門 book 1』医学書院，2011年「認知行動療法の基本モデル」を改変

たりする独特の認知のゆがみがあり，その認知が気分（憂うつ），行動（活動の低下），身体反応（頭痛，倦怠感）に悪影響を与え，これらがさらに非合理的，悲観的な認知を誘発し，ぐるぐると悪循環が生じて抜け出せなくなってしまうのです。その悪循環を，認知を修正し，行動パターンを変えることで断ち切るのが認知行動療法です。

　認知行動療法はうつ病，パニック障害・強迫性障害・社会不安障害などの不安障害をはじめ不眠などに適用され，科学的根拠に基づいて有効性が報告されています。認知行動療法は今や心理療法の世界標準となっており，イギリスやアメリカではうつ病と不安障害の治療ガイドラインで第一選択肢になるなど，その活用が広く推奨されています。

　b）マインドフルネス

　　1）マインドフルネスとは

　世界的な大企業が，社員の健康や生産性の向上のためにマインドフルネス瞑想を取り入れているといった事例もあるなど，近年，マインドフルネスへの関心が高まっています。マインドフルネスについての定義はいろいろありますが，

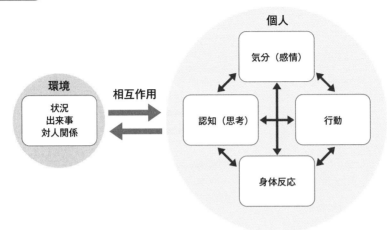
環境　状況　出来事　対人関係　相互作用　個人　気分（感情）　認知（思考）　行動　身体反応

その定義からマインドフルネスの本質を知的に理解するのはとても難しく，マインドフルネスの技法である瞑想を実践することで体験的に理解することが求められます。

そもそも Mindfulness とは2,500年以上前の原始仏教で用いられていた sati という「心をとどめておくこと」「注意」などの意味をもつ仏教用語の英語訳です。日本語では「気づき」と訳されていますが，「今，ここ」の現実をあるがままに知覚し，感情や思考にとらわれない意識のもち方を指します。仏教では瞑想を通じてこのような意識のありようを求めてきました。

宗教的なマインドフルネスから派生して，1970年代に米国の Jon Kabat-Zinn が慢性疼痛患者を対象としたグループ療法としてマインドフルネスストレス低減法（Mindfulness-Based Stress Reduction :MBSR）を開発し，それ以降マインドフルネスは心身医学の分野で活用されるようになりました。その後，MBSR を再発性うつ病に適用したマインドフルネス認知療法やアクセプタンス＆コミットメント・セラピーなどの介入法が精神医学や臨床心理学の分野で活用されるようになっています。

2）マインドフルネスの目指すこと

マインドフルネスでは「今」に注意を向け，「あんなことを言わなければよかった（過去）」「また，失敗したらどうしよう（未来）」といった否定的な考えを頭の中で反芻しているような状態において，否定的な思考や感情と距離をとり，これは自分の思考がつくり出した頭の中だけの世界であり「今，自分は『また失敗したらどうしよう』と考えているな」というように思考や感情を俯瞰できるようになることを目指します。そうなれば否定的な思考や感情にも冷静に対処し行動できるようになります。マインドフルネスではこのことを瞑想を通じて実践していきます（マインドフルネス瞑想）。

3）マインドフルネス実践での２つの瞑想

マインドフルネス実践においては２つの瞑想技法があります。ひとつ目は集中瞑想で，「今，ここ」に注意をとどめるための集中力を育むための瞑想です。特定の対象を用いて，そこに意図的に注意を集中します。特定の対象としては何でもよいのですが，呼吸を対象とすることが多いです。呼吸に注意を集中し

ていても，『お腹がすいた』とか，『こんなことして何になるんだろう』とか，集中が妨げられますが，呼吸から注意がそれていることに気づいたら，また呼吸に注意を戻すということを繰り返すことで，特定の対象に注意をとどめることができるようになります。

2つ目は洞察瞑想で，今この瞬間に生じている経験に気づいているための平静さを育む瞑想です。洞察瞑想では特定の対象を用いずに，今この瞬間に生じている思考や感覚などの経験が現れては消えていくさまに "気づいている" ということを訓練します。これによりどんな体験であっても穏やかで落ち着いた心の状態でいることのできる平静さを育みます。

この2つの瞑想技法を実践することで，マインドフルな意識のありようを身につけることができるのです。

❷ ストレス緩和要因の充実

① ソーシャルサポートとは

資料によると，仕事に従事している人たちの77.5％が上司・同僚を，そして79.6％が家族や友人を相談できる相手としています（厚生労働省「平成30年労働安全衛生調査」2019年[3]）。

不安や悩みで困ったとき，私たちは助けを求めます。このような困ったときに頼れる身近な人たちは，社会内での支援を与えてくれるという意味でソーシャルサポート（social support：社会的支援）と呼ばれます。しかし，ソーシャルサポートの提供は人からだけではありません。金銭的に困ったときの融資や会社からのさまざまな福利厚生的な援助もまたソーシャルサポートです。

ソーシャルサポートには4種類の効果があります。

まず，一般的によくあるサポートが，励ましや受容によってやる気を起こさせてくれる「情緒的サポート」です。例えば，サッカーのサポーターによる声援は「情緒的サポート」に該当します。

2つ目は，課題解決に役立つ情報を与えてくれる「情報的サポート」があります。

3つ目は，実際に手助けをしてくれる「道具的サポート」です。

　最後は，仕事ぶりや業績などを適切に評価する「評価的サポート」です。自分の行為が周囲から正当に認められることで自己評価が高まり，心理的に安定する効果があります。

　私たちはこの世に誕生してから4種のサポートを，親から，兄弟姉妹から，友人から，学校から，会社から，家庭から受け続けることで，そのときどきの課題を処理し，ストレスに負けないでいられるのです。

② ソーシャルサポート活用の有効性

a) 人的サポート源

　職場のストレスチェックに有効な評価尺度として，厚生労働省作成の職業性ストレス簡易調査票があります。その尺度の設問Cはソーシャルサポートに関する内容です（第4章4節❷参照）。設問を見ると，ソーシャルサポート源として上司，職場の同僚，そして配偶者などの身近な人物が挙げられています。私たちの周りにいる人たちが，親身になって相談を受けてくれたり傾聴してくれたりすることが，ストレス低減に有効であることを示しています。

　ソーシャルサポートは必要なときに情緒的な安定をもたらし，有形無形の資源と援助を与えてくれます[4]。例えば，子供たちにとってストレス下で適切な判断を行うためには，支援的な親の存在が欠かせません。経験豊かな親からの知識によってストレス対処力が向上し，励ましによって情緒が安定します。大人も同様です。トラブルが生じたときに上司からの的確な指示が得られ，同僚からの有形無形の援助があれば，トラブル解決に大いに役立ちます。もし，そのようなサポートがなければ，トラブルに悩み続け，ストレス関連のさまざまな弊害を被ることになるでしょう。

　家族からの援助も重要なサポート源となります。温かい家庭によって心は安まり，職場での心身の疲れを癒すことができます。家族の存在だけで仕事への意気込みが湧いてくることもあります。子どもの成長は仕事への張り合いをもたらしてくれますし，何より家庭にいて楽しくストレス発散になり得ます。熱を出せば心配されて介抱してもらい，仕事のことで暗い顔をしていると何気な

く温かいお茶をいれてもらえる。家族からのソーシャルサポートは，私たちにとって最も身近で頼もしい力となります。

メンタルヘルスに関連した場合，産業医，看護職，心理カウンセラーといった専門家もまたソーシャルサポート源です。心身の不調についての専門家からのアドバイスは，メンタルヘルスの維持・向上に重要な役割を担っています。専門家に相談することは敷居が高いと受け取られやすいですが，その思いを越えてソーシャルサポート源として見直し，親しく付き合うように努めることが必要でしょう。

また，同じような境遇にある人たちと相談し合ったり，体験を教えてもらったりすることも有効です。ひとりで禁煙するのはつらいものです。しかし，禁煙を目指すグループの人たちといると，同じ体験を共有でき励みになります。同様に，子供の進学や不登校に悩んだり，大事な人を亡くしたりというつらく悲しい出来事においても，共有体験者をもつことは強い心の支えになり希望ももてることが多いのです。

b) 物的サポート源

人的資源以外からのサポート源には，会社を代表とする所属団体や国家や地方の公的機関があります。

特に，会社は1日のほとんどを過ごし，そして仕事を通して自己実現を図ることができ，やりがいを与えてくれる貴重な場所です。頼れる上司がいる安心感や同僚との時間を確保できる楽しみも加わって，会社への所属感は情緒的な安定をもたらしてくれます。

私たちが会社などの組織に所属することは，給料のような物的なサポート以外の心理的な安寧がサポートされることを意味しています。そして，キャリアを発達させながら自己実現を図る場を得ているのです。

③ ソーシャルサポートの自己点検

あなたは，どのくらいのソーシャルサポートを所有しているでしょうか。思い当たるだけで，家族，会社，趣味の仲間などを挙げることができるのではないでしょうか。しかし，単にサポート源を思い出してみるだけでは，ソーシャ

ルサポートの有効性を理解することは困難です。**図表6**はソーシャルサポートが乏しい場合に生じる社会的孤立のサインを挙げています。9つの社会的孤立のサインに同意できる数が多いほど，ソーシャルサポート源がより不足している，あるいは有効性において乏しいソーシャルサポート源しかもっていないことになります。

　実際，あなたが現在もっているさまざまなソーシャルサポート源が，どの程度のサポート力をもっているかは分かりにくいものです。そこで，**図表7**の円形のグラフ（ソーシャルサポート・ネットワーク）を完成させてみてください。そうすることで，あなた個人が所有するソーシャルサポート源を見直すことができます。円形の中心にいるあなたからみて，交流をもつ人がどのくらい近いかを知ることで，自分にとって重要なソーシャルサポート源となっていることが分かります。

　このようにして，自分の周りにいる人たちの位置を確認することは，ソーシャルサポートの数やサポート力の程度を知ることに有効な手だてとなります。また，この円グラフを情緒的サポート，情報的サポート，道具的サポート，そして評価的サポートで分けて記入すると，より詳しいサポートの種類が分かってきます。

図表6　ソーシャルサポートの乏しさを示す社会的孤立のサイン

> ・ときどき世界でひとりぼっちの感じがする。
> ・望むほどには，友人に招かれて外出することがない。
> ・よく孤独を感じる。
> ・頼れる友人を見つけることは困難だ。
> ・親しくしていても，なかなか友人にはなれない。
> ・今の生活で，友好的な雰囲気を楽しめる機会はない。
> ・他の人を頼りにできるほどのつながりはない。
> ・人は親切で援助的だとは思えない。
> ・友人を訪ねることにためらいがある。

出所：Greenberg（1993）から引用（一部表現を改変）[5]

図表7　ソーシャルサポート・ネットワーク

　下の円を，あなたが普段生活している世界と想像してください。
　円の中心の★印はあなた自身です。あなたの周りに，あなたを支えてくれそうな人を○印で書き込みましょう。そしてあなたとの関係を父，母，妻，夫，兄1，兄2，姉1，姉2などのように書き込みます。上司や友達の場合はイニシャルと性別を，男T.Oのように書いてください。

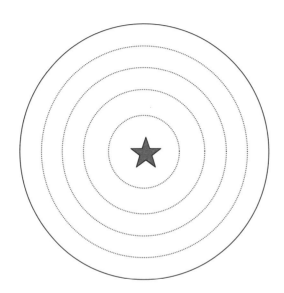

1　あなたはこの人たちとの関係に満足していますか？
　　人数　　（十分　まあまあ　不十分）
　　満足度（満足　やや満足　やや満足していない　満足していない）
2　家族やその他の人たちなどで，この中に入れたい人は誰ですか？

出所：ストレスマネジメント教育実践研究会編『ストレスマネジメント・ワークブック』東山書房，2002年

④ 充実の仕方

　ソーシャルサポート源を増やしたりサポートされる力を増大させたりすることは，ストレスを防ぐための重要な要因です。そのため，メンタルヘルスの維持・向上のためには，ソーシャルサポートの充実を図っていく必要があります。私たちがソーシャルサポートを充実させるには，２つのアプローチがあります。

　ひとつ目は，人的環境面を整えることです。相談できる上司・同僚を見いだすように努め，仕事による悩みや困難に対処しやすい人的資源を求めることが重要です。また，ホッとできる家庭づくりに励んだり，日頃からメンタルヘルスの専門家と親しく接したりして，安心できる場所や健康面で抵抗が少なく頼れる人物を周囲にそろえていくことも考えてみましょう。

　２つ目は，個人的特性を整えることです。人見知りが激しい，困っていることを打ち明けにくい，ふだんから自分の考えや思いを他者に伝える努力をしないといった場合，ソーシャルサポートは得にくくなります。このような人たちは，自信が乏しく他者からの評価を過度に気にしたり，対人不信感が強かったり，対人スキル（人付き合いを良好に行える日常的な技術）が乏しかったりします。

　次に，ソーシャルサポートの充実に関連した考えや行動を述べておきます。

① 基本的な考えとして，サポートはギブ・アンド・テイクであり，相手からサポートを得るためには，ときには自分も相手のサポート源になる必要があることを覚えておきましょう。

② 情緒的サポート，情報的サポート，道具的サポート，そして評価的サポートのそれぞれの源を人物別に区別しておきます。この場合，ある人物は複数のサポート源となることがあるかもしれません。そのときはより貴重な他者であると認識しておきましょう。

③ サポートして欲しい人には，まず自分から何らかのアプローチを行う必要があります。日頃から挨拶などはきちんと行っておく，黙っていずに「困っている」と相手に伝えると同時に，相手が苦境に立っているときにはできる限り援助の手を差しのべるという積極的な態度が望まれます。

④ サポートを得るためといっても無理は禁物です。何となく他者と打ち解

> ・人の助けを求めることは恥だ。
> ・弱音を吐くのは絶対よくない。
> ・人は本来孤独だ。
> ・人や組織を信用しては裏切られることが多い。
> ・人づきあいはわずらわしいだけだ。
> ・挨拶や愛想などは仕事の本筋ではない。
> ・仕事さえきちんとこなせればよい。
> ・困ったときは，いつでも誰にでも助けを求めたらよい。
> ・自分はサポートされる立場でよい。
> ・自分には能力がない。
> ・自分ひとりでは何もできない。

けにくいと感じる人は，無理に打ち解けようとするよりも，何か共通の話題や相手の利益や関心の対象となる情報などを少しずつ提供するようにしてみましょう。通常は，すぐに仲良くなって相手がサポートしてくれるということはほとんどありません。最初はぎこちない関係でも，徐々に理解し合える状態を多くつくるようにすることを心がけておきましょう。

⑤ ソーシャルサポートは重要ですが，他者からのサポートに頼りきってはいけません。自分の能力を信じ，課題解決に向けた努力を怠ることなく，それでもサポートが必要なときに頼れる相手を見いだすように努めましょう。

最後に，ソーシャルサポートの充実を阻害する考え方を**図表8**に挙げておきます。もし，当てはまる項目があったなら，①～⑤を参考にして，改善するよう努力しましょう。

❸ ストレス要因への対処法

① ストレス対処とは：コーピング

　ストレスに対処するための行動，すなわちストレス対処行動をコーピング（coping）といいます。コーピングはストレス反応の発生を抑えたり，反応の程度を低減したりすることを目指した行動であり，メンタルヘルスの維持・向上にとって重要です。

　例えば，仕事上のミスでイライラしたときに酒を飲んで憂さを晴らすことがコーピングです。この場合，酒の力でミスを忘れてイライラを解消しようとしています。そのため，あまりよくないコーピングといえます。なぜなら，ミスを犯したという根本的な課題を解決してはいないからです。ミスを犯したなら，どうしてそうなったのかを冷静に分析し，再度ミスしないようにすることがよいコーピングになります。そして，このような冷静なコーピングを行う前に，イライラをなくそうとリラックスすることもよいコーピングです。

② さまざまなコーピング

　ストレスに対するコーピングは数多くありますが，ストレス要因に対するコーピングとストレス反応に対するコーピングの2種類に大きく分けることができます。

a）ストレス要因に対するコーピング

　ストレス要因がなければストレスは発生しません。そこで，私たちはストレス要因を除去するコーピングをまず考える必要があります。大量の処理を必要とする仕事があったなら，誰かに助けてもらうのがよいでしょう。このとき，ストレス要因はなくなるか，その威力が減ります。

　また，ストレス要因となる刺激を「いやだ」とか「つらい」とか思わないことも有効です。上司を前にしてプレゼンテーションを行うという刺激も，「自分の考えを示せるよい機会だ」と思えれば，それほど強いストレス要因にはなりません。また，誤った思い込みを直すこともストレス要因発生の阻止に有効

です。「自分のすることは完全でなければならない」とか「絶対にミスをしてはならない」という考えは，何が起こるか分からない現実を考慮していない勝手な思い込みです。ミスのない完全な作業ぶりなどあり得ませんし，絶対にミスをしない人などいません。「間違わないように努めるが，いつもうまくいくわけではない」「ミスを犯さないようにしたいが，絶対にミスはしないという保証はない」という考えが現実的で妥当な内容です。私たちの生活上では，「絶対そうだ」「100％あり得ない」「いつもうまくやれる」ということはほとんどないことをよく覚えておく必要があります。

　「いやだな」と思わないでいたい，腹を立てて人間関係を気まずくしたくないと願う場合，「いやだな」と思ったり腹を立てたりする原因を知る必要があります。その原因は物事や人への勝手な思い込みや期待であり，「ねばならない」「そうあるのが当然だ」「してはいけない」「すべきである」といった選択肢がひとつしかない考えが特徴です。

　「ねばならない」を「そうであればよいな」と，「してはいけない」を「しないほうがよいが，してしまうこともある」という余裕のある考えに変えるように努力したほうがよいでしょう。「男性はこうあらねばならない」とか「女性はそれをしてはいけない」という考えをもっていたなら，「男性はそうすることが望ましいこともある」や「女性だからといって，してはいけないという理由はない」と，自ら考えの幅を広げていくことが必要です。

　さらに，私たちはよく腹を立てます。ほとんどの場合，怒りは自分の他者への勝手な期待が原因です。新人が，先輩である自分のいうことを聞かないときに怒りを覚える場合があります。「先輩の自分には経験があるし，後輩はいうことを聞くべきだ」といった考えをもっていたなら，やすやすと現実というものに裏切られてしまいます。なぜなら，この場合，新人に対して100％の従順さを求めているのですが，新人がいつもいうことを聞くわけではなく，また自分の指示が間違っている場合もあるからです。いつでもすぐに腹を立てる人は，周囲の人全員に現実にそぐわない自分勝手な期待を投げかけているため，思うような結果とならなくて怒りを示しているのです。こういう人は自分でストレス要因をつくり出し，ストレス反応に悩むようになります。

どうしても除去できないストレス要因もあります。いやな仕事に就く，朝の満員電車に乗る，残業が増えるというストレス要因は，できれば取り除きたいのですが，そうもいきません。仕事をしないと生活が成り立ちません。満員電車に乗らないと会社に定時に着くことはできません。残業を処理しないと次の仕事に移れませんし，顧客に迷惑をかけることもあります。除去できないストレス要因に対しては，悩みの種への見方を変えることも有効です。「仕事はつらいが，得た収入で好きな物を買える」「満員電車も体力づくりに役立つことがある」「残業できることは仕事があるということで会社は安泰だ」といった肯定的な面に着目して考えてみることも，刺激への嫌悪感でストレス反応が生じることを防ぎます。さらに，どうしても取り除けないストレス要因に対して，しばらく我慢してみるという判断もときには必要となってきます。

　b）ストレス反応に対するコーピング

　ストレス反応は，情動的な興奮と身体的な興奮を含みます。情動的，すなわち怒り，不安，焦りなどの感情や気分の発生と，筋肉の緊張，心拍の増加，血圧上昇といった身体の興奮がストレス反応です。情動や身体の興奮は，情緒不安定や慢性の高血圧，血栓，筋肉の痛みなどの身体疾患につながります。そして，免疫力が低下し，他のさまざまな疾患にかかりやすくなります。そこで，情動的な興奮に対してはリラックスした気分に導くリラクセーション，身体的興奮には運動（身体活動）が役立ちます。

　リラクセーションではヨガや香りを楽しむアロマテラピーが有名ですが，全身の筋肉を足から頭まで順にリラックスさせる漸進的筋弛緩法や自律訓練法もよく行われます（本節❶③参照）。

　身体活動により体内のコルチゾールという物質を消費することができます。コルチゾールは身体的ストレス反応（身体の興奮）のトリガーとなる物質です。副腎皮質ホルモンであるコルチゾールは，筋肉の緊張を促すために交感神経系の興奮を生じさせる役割を担い，癒し物質であるセロトニンの分泌にもネガティブな影響を与えることがあります。

　コルチゾールは別名「ストレス物質」といわれ，適度にコルチゾールを消費する必要があります。コルチゾール消費に有効な方法は運動（身体活動）です。

しかし，どのような運動でも有効とは限りません。運動には，ウェイトトレーニングや短距離走といった激しい筋肉運動を行う無酸素運動と，ウォーキングやサイクリングのような脂肪を燃焼させる有酸素運動があります。コルチゾール消費に対しては後者の有酸素運動が有効であり，ふだんより10％ほど多い心拍数に至るゆったりとした運動を無理のない時間行うことがよいと考えられています。

③ コーピングのくせ

　ストレスに負けないためには，いろいろなコーピング法を知っておく必要があります。なぜなら，ストレス要因には取り除いておいたらよいものと，どうしても取り除けないものがあるからです。期限のある仕事を処理しなければならないというストレス要因は，早く片づけてしまって取り除いたほうがよいのですが，例えば朝早く起きて職場に向かうというストレス要因は，生活上つらくても続けなければならず，簡単に取り除けるストレス要因ではありません。取り除いたほうがよいかどうかというストレス要因の内容によって，コーピングを変える必要があります。

　また，いつも同じコーピングをしてしまわないようにもしなければなりません。たまの飲酒はリラックスしたり，人との楽しいふれあいの時間をつくったりできるため好ましいといえますが，酒で憂さを晴らすというコーピングを採用してばかりいたらアルコール依存症になる可能性があります。そして，期限が迫っている仕事の圧迫感を飲酒で紛らわせても根本解決には至りません。

　さまざまなコーピングをストレス要因の内容によって変化させるということは，ストレス要因を除去する問題解決に焦点づけられたコーピング（問題焦点型コーピング）と，情動の興奮を低減させることに焦点づけられたコーピング（情動焦点型コーピング）を，ストレス要因の内容に合わせて使い分けたり組み合わせたりすることを意味します。しかし，私たち大人は，長年の生活経験によって，コーピングの特徴，くせがあります。得意とするコーピングと不得手なコーピングがあるのです。先の例にあった飲酒で憂さ晴らしばかりするという人は，情動焦点型コーピングしか行っていないのです。リラックスして気

図表9 さまざまなコーピング

○問題焦点型コーピング
- 悩みや苦境の原因を取り除く
  - （例） いやな仕事を早く片づける
    何も考えずに，思い切ってやってみる
- 受けた刺激をいやだと思わない
  - （例） 物事のよい面を考える
    現実にそぐわない期待をしないように努める
    自信をもつようにする
    生活管理をきちんと行い，心身の衰弱を予防する

○情動焦点型コーピング
- リラックスに努める
  - （例） リラクセーション（漸進的筋弛緩法，自律訓練法）
    アロマテラピー
    瞑想
- 身体を動かして心身のリフレッシュを図る
  - （例） ウォーキング，サイクリング，ジョギングなどの有酸素運動

出所：筆者作成

分を鎮めようとばかりしてストレス要因を取り除くことをおろそかにしていることも同様です。このような人は問題場面から逃避する傾向がうかがえ，いつまでもストレス要因をなくせずに悩み続けてしまいます。逆に，何がなんでも問題を解決しようとして無理な行動をし，周囲と摩擦を生じたり，がんばりすぎて燃え尽きてしまったりすることもあります。

　図表9はさまざまなコーピングの例です。この図表を参考にして，あなたが多く採用するコーピングを検討してみましょう。

④ コーピング・スキルの向上

　コーピング・スキルを向上させる秘訣は，ただ実践あるのみです。ストレスフルな生活を送っていればいるほど，実践の場があると考えましょう。実践は，会社，家庭，地域というあらゆる場で行うことができます。その際，自分のコーピングのくせを知っておくことが重要です。

　図表10は日常で行ったコーピングを振り返るシートです（コーピング・シー

〈チェックの方法について〉
　この1週間に実践した事柄について，それぞれの□を塗りつぶしてください。
1回の実践につき□1個です。

◆自分の感情や考えをきちんと人に伝えた　□□□□□□□□□□
◆とりあえず我慢しようとした　□□□□□□□□□□
◆困難から逃げて自分を守った　□□□□□□□□□□
◆趣味など仕事以外の事柄に没頭した　□□□□□□□□□□
◆家族や友達との時間を楽しんだ　□□□□□□□□□□
◆問題に積極的に対応した　□□□□□□□□□□
◆進んで仕事を引き受けた　□□□□□□□□□□
◆ストレス要因が来るのを予想した　□□□□□□□□□□
◆前向きに考えた　□□□□□□□□□□
◆自分を励ました　□□□□□□□□□□
◆人に相談した　□□□□□□□□□□
◆誰かの相談相手になった　□□□□□□□□□□
◆合理的な判断に努めようとした　□□□□□□□□□□
◆食事に気をつけた　□□□□□□□□□□
◆睡眠に気をつけた　□□□□□□□□□□
◆リラックスするための工夫をした　□□□□□□□□□□
◆気分転換を図った　□□□□□□□□□□
◆できるだけ体を動かすようにした　□□□□□□□□□□
◆笑ったり楽しい時間を持った　□□□□□□□□□□
◆ストレスを減らす工夫をした　□□□□□□□□□□

出所：ストレスマネジメント教育実践研究会編「ストレスマネジメント・ワークブック」東山書房,
　　　2002年より転載

ト)[7]。1週間で使用したコーピングの□の部分を塗ります。1週間後に見直
すと，どのようなコーピングをよく採用したかが理解できます。ストレス要因
の内容を吟味しながら，適切なコーピングを実践するように努めましょう。

　さらに，今までできなかったコーピングを知り，その苦手なコーピングを習
得することにも努めてください。使えるコーピングが多ければ多いほど，さま
ざまなストレス場面を克服することができます。コーピングを状況に合わせて
柔軟に駆使することが，ストレスに耐える力となります。

2 自発的な相談の有用性

　ストレスの多い現代の職業生活において，心身ともに良好なコンディション
を保ちながら働くためには，ふだんから身体の健康管理と同様に心の健康管理
（セルフケア）も大切です。適度なストレスはモチベーションや仕事に対する
満足度を高め，能力を向上させるなど効果的に働きますが，過剰なストレスは，
やる気をなくし抑うつ症状などを招くことがあります。したがって，セルフケ
アにより，適度なストレスを維持することは仕事を効率的に進めていく上でも
重要です。

　セルフケアに必要なことは，第一に，自分自身の心の健康状態に関心をもち，
ストレスに早めに気づいて対応することです。第二には，自分に合ったセルフ
コントロールの方法を身につけることです。そして，過剰なストレスに気がつ
いた場合は，身近な人（同僚や上司，家族など）や専門家に早めに相談するこ
とが有効です。過剰なストレスが続くと**図表11**[8)]のようなサインが現れます
ので，自分自身で早めに気づくようにしましょう。そして，自分のことだけで

図表11 早期のストレスのサイン

感 情 面	緊張，不安，イライラ，焦燥感，気分が沈みがち 以前，楽しめていたことが楽しめない
思 考 面	集中力の低下，決断できない，頭の回転が落ちる ミスが多くなる，自分を責める
意 欲	やる気がしない，何をするにもおっくう
心身の状態	よく眠れない（寝付きが悪い，浅眠，早朝覚醒） 倦怠感，頭が重い 食欲が落ちた（おいしくない，砂を噛むようだ）

出所：河野友信他編『ストレス診療ハンドブック（第2版）』メディカル・サイエンス・インター
　　　ナショナル，p. 17, 2006年を参考に筆者が加筆。

なく，同僚の「何となく元気がない」などの変化を感じたときは，話を聴いてあげたり専門家へ相談することを勧めましょう（同僚のケア）。

　誰に相談すべきか迷ったときは，まずは社内の信頼できる人（上司や同僚など）や事業場の産業保健スタッフ（産業医や看護職など）に相談すれば，必要な情報や助言が得られます。また，事業場外に専門の相談窓口がある場合は，直接専門機関に相談する方法もあります。事業場内であっても事業場外の機関であっても相談内容は秘密にされますし，相談することにより，仕事がやりにくくなるなどの不利益を被ることもないので安心して相談しましょう。

　ここでは，セルフケア能力を高めるためのコミュニケーション・スキルについて説明し，セルフケアを支援してくれる自発的な相談と，同僚のケアについて説明します。

❶ コミュニケーション・スキル

　コミュニケーション・スキルは，人間が社会の中で生きていく上で必要とされるソーシャル・スキルのひとつです。人は他人との信頼できるコミュニケーションにより人格が成長し，セルフケア能力を高めていくことができます。一般にコミュニケーションには，言語的なコミュニケーションと非言語的なコミュニケーション（言葉以外のしぐさ，表情，態度など）があります。非言語コミュニケーションの権威者である心理学者の Mehrabian によれば，日常のコミュニケーションでは，言語的なコミュニケーションは7％しか占めておらず，93％は非言語的コミュニケーションであるといわれています[9]。このことから，コミュニケーションの際には，言葉だけでなく明るい表情や笑顔など，状況に合わせた態度をとることも大切なことです。

　しかし，近年，情報通信技術の進歩にともない電子メールや SNS，チャット等を使ったコミュニケーションが増加しており，組織のタテ方向のコミュニケーションだけでなく，ヨコ方向のコミュニケーションも風通しがよくなってきました。電子メールなどは基本的には文字だけのコミュニケーションとなり，文章の書き方により受信する側の印象がかなり違うため，誤解を招くことがあ

ります。そのため，内容や文章の書き方に注意したり，内容によっては電話や直接会って話すなどの工夫が必要です。

① コミュニケーション・スキルの必要性

　厚生労働省の「労働安全衛生調査」[10] 2018年の調査結果では，「仕事や職業生活に関することで，強いストレスとなっていると感じる事柄がある」労働者の割合は，58.0％と過半数を占めています。その内容をみると「仕事の質・量」が最も多く59.4％，次いで「仕事の失敗，責任の発生等」が34.0％，「対人関係（セクハラ・パワハラを含む）」が31.3％という結果でした。つまり，仕事の負荷を調整することも重要ですが，職場の人間関係を円滑にすることで，ストレスをかなり減らすことができると考えられます。

　職場で良好な人間関係を維持するには，コミュニケーション・スキルが重要です。職場という公共の場では，1人ひとりが，それぞれ状況や役割に応じたコミュニケーションをとることが望まれます。職場に合ったコミュニケーション・スキルを習得することで，無駄な対立をなくすことができ，人間関係によるストレスを防ぐことになります。

　職場での個人的な対立は，当事者間のコミュニケーションが円滑に行われなかったことが原因になることがあります。例えば，誤解や婉曲などにより，伝えようとしたことがうまく伝わらなかったことなどによって生じますし，互いに理解できないと，ささいな行き違いが深刻な対立に発展することさえあります。

　しかしながら，周囲の人たちと良好な人間関係を維持することができれば，人間関係がストレスとなることはなく，逆に，いざというときに仕事を助けてもらえたり，助言してくれるソーシャルサポートを得ることができます。

　自分自身が働く職場だけでなく，事業場内のさまざまな部署と良好なコミュニケーションがとれるようになると，多くの部署からの情報が入手できたり，ソーシャルサポートを得ることができます。このように，組織のタテ方向だけでなく，ヨコ方向のコミュニケーションがとれるようなマルチチャネル型のサポートネットワークをもつことができれば，情報の伝達・収集がしやすくなり，広い視野で仕事や物事を考えることができるため，細かなことでくよくよ悩む

ことが少なくなりますし，仕事も効率的に進めることができ，ストレスの予防につながります。

　また，コミュニケーションには，他の人と行うコミュニケーションだけでなく，自分自身の中で問題解決を行う「内的なコミュニケーション」があります。他者との関わりにおいて，従来の行動様式が役に立たない「問題的状況」に直面したときに，内省的思考により新たな問題解決方法を発見し，自分の能力を伸ばしていくことができます。この内省的思考を行う際にカウンセリングを利用すると，自分ひとりだけで考えるよりも，内省的な思考が促進され，スムーズに問題解決ができることもあります。

② コミュニケーションの種類とポイント

　コミュニケーションには，発表（スピーチ，口頭発表），対話（インタビュー，質疑応答など），討論（話し合い，ディスカッションなど），非言語コミュニケーション（アイコンタクト，うなずきなど）がありますが，コミュニケーションで最も重要なことは，相手の話をきちんと聴く能力です。

　アメリカの心理学者のRogersは，カウンセリングの研究を進めていく中で，建設的な人間関係をつくるには3つの条件があり，その条件が一定期間継続する必要があることを見つけました（**図表12**）。

　第一は，聴き手は，相手の話に「共感」することです。話を聴く人がかけ離れた観点で人ごとのように話を聴いている場合，話し手は話す気になりません。しかし，聴き手が「私が同じ立場だったら」という観点で熱心に話を聴くこと（共感）で，話し手は「理解してもらっている」と感じ，安心して話すことが

図表12　建設的な人間関係に必要な条件

> 1. 聴き手は，相手の話に「共感」すること
> 2. 聴き手は，相手の話に「無条件の肯定的関心」を示すこと
> 3. 聴き手は，「自分に正直である」こと

出所：杉渓一言・中澤次郎・松原達哉・楡木満生『産業カウンセリング入門』日本文化科学社，1997年[11]

できます。

　第二は，聴き手は，相手の話に「無条件の肯定的関心」を示すことです。相手が「同僚とけんかをした」という行為には賛成できませんが，「けんかをするほど相手に対して怒りをもった」という気持ちに対しては，批判せずに無条件に受け入れることが必要です。これができなければ「聴く」ことができず，お説教になってしまいます。話し手は，自分の気持ちを否定する人に自分のことを話す気にはなりませんし，人間関係もこじれてしまいます。説教をするよりも，どうして感情的になってしまったか，どうしたらそれを抑えることができるかについて，一緒に考えたほうが建設的です。

　第三は，聴き手は「自分に正直であること（自己一致）」です。聴き手が相手の話を聴きながら，自分の気持ちに正直でなければ，偽りの関係になってしまいます。聴き手は相手の話を聴いて「安心した」ならばそう伝え，「心配」であれば，あれこれと説教せずに心配であることを伝えることで，話し手と聴き手の良好な人間関係を維持することができます。

③ コミュニケーションの３つのタイプ

　周囲の人との人間関係のもち方には，大きく分けて３つのタイプがあります。第一には，自分のことだけ考えて他者を踏みにじる関係（攻撃的），第二は，

図表13　アサーティブな関係を維持するためのスキル

1. 自分を知る：自分の気持ち，考えに正直になる
2. 共感的理解：相手のことを相手の立場で理解しようとする
3. 受容：相手を受け入れられるようになる
4. 対等で相互尊重：権威や立場で相手を操作するのではなく，謙虚に相手を尊重する気持ちをもつ
5. 自己信頼・自己尊重：自分を信頼することで，自分の内部を知る
6. 自責：相手を尊重し相手に耳を傾けるのは，自分の責任で行っているという自己責任
7. 多様性を受容：自分と異なる多様性も受け入れる
8. 感情を言葉にする：感情をぶつけるのではなく「私は怒っています」と表現する
9. 非言語コミュニケーション：言葉以外のしぐさ，表情も理解する

　出所：平木典子『アサーション・トレーニング』日精研心理臨床センター，2004年[12]

112

自分より他者を優先し，自分のことは後回しにする関係（非主張的），そして第三に，自分のことも相手のことも考え，2人にとって最もよい着地点を見つける関係（アサーティブ）があります。このように，コミュニケーションをする上では，相手の気持ちと自分の気持ちの両方とも大切にする表現（アサーティブな自己表現）をすることが大切です（**図表13**）[12]。

　このようなアサーティブな関係では，相手の考えと自分の考えが一致しないことがあったときに，葛藤が起こります。意見が一致しないときは，お互いの意見を出し合い，譲ったり譲られたりしながら，相互に納得のいく結論を出そうとします。そのためにも，相手の意見に耳を傾け冷静に判断し，自分の意見も伝えることが大切です。

❷ 話すことの意味（カウンセリングの効果）

　ふだんからコミュニケーション・スキルを磨いたり，自分自身の心の健康について配慮することが必要ですが，状況に応じて自発的に相談をすることもセルフケアの重要なポイントになります。例えば，ストレスやその対処について知りたいときや，いろいろな出来事が重なり精神的に落ち込んだとき，または家族のことが心配なときなどは，早めに相談することが重要です。相談をする（カウンセリングを受ける）ことにより，以下のような効果があります。

- ・話を聴いてもらって，スッキリする
- ・話を（自分のことを）理解してもらうことによって，孤独感や不安感から救われる
- ・話すことによって，気づき（洞察）を得る
- ・カウンセラーから有益なアドバイスをもらうことができる

　特に，公認心理師や臨床心理士などが行う専門的な心理カウンセリング（counseling）は，専門家との話し合いを通じて自分の問題を整理したり，その問題についての助言を受けたりすることができます。また，必要に応じて心理療法（認知行動療法など）を受けることもできます。

① ストレスとカウンセリング

　ふだんから自分自身でストレスをコントロールできることが理想的ですが，カウンセリングを受けることで，ストレスがコントロールしやすくなったり，ストレスをためやすい考え方を修正することもできます。また，ストレスが過剰な場合は，自分自身だけでコントロールするのは難しいので，カウンセリングの助けを借りることでストレスを軽減することができます。

　特に，過剰なストレスがあるときには，緊張状態が続き，元気がなくなりますが，効果的なカウンセリングを受けたり，カウンセラーから呼吸法や自律訓練法などのリラクセーションの指導を受けることにより，身体がほぐれ，心身の症状が改善します。また，ひとつの考えに固執し否定的な考え方しかできない状態であっても，カウンセリングを受けることにより，多面的に考えることができたり，肯定的な考え方や生き方を知り自己変革につながることもあります。

　このように，カウンセリングにより自己理解を深め，自分の心の状態や身体の症状をうまくコントロールすることを体得することができます。カウンセリングは，薬を飲むように即効的な効果はありませんが，継続することで「自己の成長・発達」を促すことができます。

　しかし，日本の社会では，カウンセリングを受けることに心理的な抵抗をもつ人が多くいます。そのため，「カウンセリングに行こうか迷い始めてから，カウンセリングを受ける決心がつくまで半年かかった」という話や，「カウンセリングは敷居が高くて行けない」などという話を聞きます。しかし，迷った末にカウンセリングを受けた結果，「もっと早く受けておけばよかった」と後悔する人がいます。早期にカウンセリングを受けることで，早めに症状が改善したり，問題が解決しやすくなります。

　逆に，ある事業場では，「仕事のことや家庭のことで頭が混乱しているので，頭を整理するためにカウンセリングを受ける」と利用する人や，「がんの治療は成功したが，5年経つまで再発が不安なのでカウンセリングを受ける」という理由で利用する方もいます。今後は日本でも，このように気軽にカウンセリングを利用できるようになることが，セルフケアを進める上でも望ましいことです。

② カウンセリングの種類

國分康孝は『カウンセリングの技法』の中で，「カウンセリングとは，言語的および非言語的コミュニケーションを通して行動の変容を試みる人間関係である」と定義しています[13]。カウンセリングには数多くの種類があるといわれていますが，**図表14**に相談方法別のカウンセリングの種類を紹介します。

a) 対面カウンセリング

カウンセラーと会って1対1の対面でカウンセリングを受けます。一般的には，事前に予約をしてから，1回50分間程度のカウンセリングを受けることができます。

医師が精神療法の一環として行うカウンセリングは健康保険が適用されますので，健康保険でのカウンセリングを希望する場合は医療機関に相談してみましょう。

b) 電話によるカウンセリング

電話を媒介にしたカウンセリングの場合，人によっては知らない人に電話をする不安があるかもしれませんが，慣れると電話での会話特有の親密感が生ま

図表14 主なカウンセリングの種類

種　類	内　　容
対面カウンセリング	相談者とカウンセラーが実際に会って，1対1でカウンセリングを受けます。カウンセリング・ルームなどの専用の空間で行われるため，周囲のことを気にせずカウンセリングを受けることができます。
電話によるカウンセリング	電話を媒介してのカウンセリングですので，カウンセリング・ルームに出向かなくてもよいという利点があります。 人によっては，知らない人に電話をする不安があるかもしれませんが，慣れると電話での会話特有の親密感が生まれ，本当の気持ちを話しやすくなるところがあります。
電子メールによるカウンセリング	電子メールを媒介にして行う文章によるカウンセリングです。電子メールの文章を作成することにより，相談者自身が自分の考えや思いを整理することができますし，相談内容をじっくり考えることができます。
オンライン・カウンセリング	ウェブカメラとマイクを用いて，インターネット経由でお互いの顔や表情をパソコン画面で見ながらカウンセリングを受ける方法です。画面上にお互いの画像が映し出され，通信回線を通じてマイクで会話します。

れ，本当の気持ちを話しやすくなるところがあります。通常は，カウンセリング料金以外に電話代の自己負担がありますが，ボランティア団体などが無料相談をしていることもあります。

c）電子メールによるカウンセリング

電子メールによるカウンセリングは，相談者自身が自分の考えや思いをじっくり考えることができますが，カウンセラーからの回答が通常では数日間かかるため，その間に相談者の気持ちが変わることもあります。また，文章の解釈は人により多種多様であるため，誤解を生じたり，相談者の気持ちがカウンセラーに十分伝わらないこともあります。

d）オンライン・カウンセリング

近年では，アプリケーション（Zoom など）を利用した遠隔でのカウンセリングが増えてきました。場所を選ばないことや，移動しないですむことで，交通費を節約できるだけでなく，障害があることなどで移動が難しい人も利用しやすいというメリットがあります。しかし，セキュリティの問題や情報機器を扱いなれていない人には使いづらいこと，そして情報機器や通信に不具合が発生してカウンセリングが中断するなどのデメリットがあります。

③ カウンセリングの受け方

業務上のストレス要因については，上司に相談する方法がありますが，業務上および私的な相談に関して，事業場内外の専門家のカウンセリングを利用する方法もあります。ここでは，専門家のカウンセリングを受ける方法について紹介します。

事業場内にふだんから相談できる産業保健スタッフがいれば，その人に最初に相談するのがよいでしょう。産業保健スタッフがカウンセリングに対応できる場合は，事業場内でカウンセリングを受けることができます。たとえ産業保健スタッフがカウンセリングに対応できない場合でも，産業保健スタッフが信頼している事業場外の専門機関を紹介してもらうことができるでしょう。

近年では，EAP（Employee Assistance Program：従業員支援プログラム）機関と契約している事業場が増え，面談でのカウンセリングはもちろん，電話

やオンラインでのカウンセリングを受けることができます。

　特に，勤務している会社等がEAP機関と契約している場合は，EAP機関所属のカウンセラーが事業場の業務や組織風土，人事制度などをよく知った上でカウンセリングを行うため，問題解決が図りやすいというメリットがあります。もし，勤務先がEAP機関と契約している場合は，市中のカウンセリング機関でカウンセリングを受けるよりも，契約先のEAP機関を利用するほうが効果的でしょう。

　カウンセリングは身体の病気を診察してもらうことと異なり，心の深い問題を話したり，非常に私的な相談をすることがあるため，カウンセラーとの相性（関係）が重要です。したがって，評判がよいカウンセラーのカウンセリングを受けても，違和感や相性の悪さを感じた場合は，無理をして継続せず，相性のよいカウンセラーに代わったほうが，カウンセリングがスムーズに進みます。

　また，カウンセラーだけでなく，相性のよい信頼できる友人などに話を聴いてもらうことで，問題が整理できたりストレスがコントロールできるようであれば，無理に専門的なカウンセリングを受ける必要はありません。

❸ 同僚のケア

　職場の同僚は，協力して仕事を進めたり，有益な情報を提供してくれる大事な存在です。仕事が大変なときに助けてくれたり，トラブルがあったときに話を聴いてくれるような同僚が職場にいると，安心して前向きに仕事をすることができます。しかし，ふだんは元気に活躍している同僚でも，仕事やプライベートのことで過剰なストレスを抱えた場合は，メンタルヘルス不調になることもあります。それによって，同僚が元気なときのように仕事ができなくなると，周囲の労働者に仕事の負担がかかり，職場全体のストレスが高まることがあります。

　したがって，セルフケアだけでなく，同僚のメンタルヘルス不調を未然に防ぎ，もし同僚がメンタルヘルス不調になってもサポートできるよう，同僚に対するケアも重要です。同僚が精神的な病気により退職してしまったり、職場全

体がうまく機能しなくなるということがないように，「仲間を守る」という意
識をもつことも必要です。

① 同僚のケアの必要性

　私たちは，職場の同僚と相互に有形無形の支援（ソーシャルサポート）を受
けています。このようにお互いに助け合う信頼関係のある職場は，ストレスが
少なく健康度も高いことが分かっています。同僚をサポートする方法として，
話を聴いてあげるというような情緒的サポート，仕事のアドバイスをするとい
うような情報的サポート，仕事を手伝ってあげるというような道具的サポート，
仕事ぶりを評価してあげるような評価的サポートがあります（詳細は本章１節
❷参照）。

　これらのサポートをふだんから同僚に提供することで，同僚のメンタルヘル
ス不調を未然に防いだり，円滑な人間関係が維持される働きやすい職場風土が
形成されます。このような職場では，心配なことがあれば気軽に相談できたり，
周囲の人の変化にも早く気づくことができるので，問題が大きくなる前に対応
することができます。

　また，同僚がメンタルヘルス不調のために治療を受けながら仕事を続けてい
たり，いったん休職してその後に職場復帰する場合には，周囲のサポートがと
ても重要です。職場の周囲の人たちが積極的にサポートすることで，同僚の回
復を早めたり，円滑な復職につながります。

② 同僚のメンタルヘルス不調に気づく方法

　メンタルヘルス不調になった本人がそれに気づかなかったり，周囲の人に相
談できないことがありますので，このようなときは，周囲の人が気づいてあげ
たり，サポートしてあげることが重要です。身近な存在である同僚であっても，
その変化に気づいて判断するのは難しいですが，**図表15**にあるような様子がみ
られたら，まずは声をかけたほうがよいでしょう。

　また，メンタルヘルス不調になりやすい時期もあるので，**図表16**のような時
期には注意が必要です。

図表15 同僚のメンタルヘルス不調のサイン

サインの種類	具体的な内容
仕事上のサイン	1. 作業能率が下がる，ミスが増える 2. 机上に書類が溜まる 3. 細かいことにこだわる 4. 月曜日や午前中によく休む
態度上のサイン	1. 笑顔や口数が減る 2. 精神的に不安定になる（イライラ，落ち込み等） 3. 身なりに気を使わなくなる 4. ぼんやりしていたり，眠そうに見える 5. つき合いが悪くなる，飲酒・喫煙量が増える

出所：筆者作成

図表16 メンタルヘルス不調になりやすい時期

1. 長時間残業が続いているとき
2. 就職後1年以内（特に1～6ヵ月）
3. 昇進・配置転換・出向後1～12ヵ月（多くは3～6ヵ月後）
4. 仕事内容や責任の変化後1～12ヵ月（多くは3～6ヵ月後）
5. 結婚，出産，引越，単身赴任などの変化後1～12ヵ月（多くは3～6ヵ月後）

出所：永田頌史『産業医科大学ニュース NO.487』2006.4 を参考に筆者が加筆

③ 同僚のケアの方法

　同僚がいつもと様子が違っていて，心配なときは上司に相談すると同時に，同僚をサポートします。「最近つらそうだが，自分に何か役に立てることはないか？」，「困っているようだが，よかったら話してくれないか」などと，まずは声をかけてサポートする意思があることを伝えることです。その際には，同僚の最近の変化（仕事のミスや効率の低下など）を指摘することは避け，相手の立場（仕事でミスしてしまうほど落ち込んでいるかもしれないなど）を考えてサポートすることが重要です。

　もし，同僚が話してくれる場合は，相手が安心して話せるような場所を選び，時間に余裕をもって話を聴くようにします。話を聴くときには，自分の意見を

言ったり説教をせずに「聞き役」になり，同僚の気持ちを理解するように努めましょう。その際に，他の人に話を漏らさないこと（守秘）を約束することで，同僚は安心して話すことができます。

　人によっては，混乱して話にまとまりがなかったり，同じことを繰り返すこともあるかもしれませんが，そんなときはまず，話を聴きながら相手の話（気持ち）を整理する作業が必要になります。その上で，必要に応じて問題の解決方法を話し合うこともあります。

　人によっては，話を聴いてもらえるだけで気持ちが楽になることや，一緒に問題を整理してあげるだけで，問題解決の糸口が見つかることもあります。特に，メンタルヘルス不調で治療を受けていたり，休職後に職場復帰した人は，他の人たちと比べて仕事が思うように進まないような困難さを感じることが多い反面，「周囲の人に迷惑をかけてはいけない」と自ら相談することをためらう傾向にあります。したがって，メンタルヘルス不調の同僚が職場にいる場合は，職場の周囲の人たちが積極的に声をかけてあげることが必要です。

　もし，不調な同僚に声をかけても「大丈夫だから」と拒否される場合は，心配であることを伝えて1～2週間様子をみて，何度か声をかけたり，上司に心配な状況を伝えるとよいでしょう。

④ 関係者へつなぐ方法

　同僚の話を聴き，専門的なサポートや業務上の配慮（業務軽減や業務内容の変更など）が必要だと感じた場合は，そのことを同僚に伝え，専門家や上司などの関係者へ相談するように勧めます。もし，その同僚が関係者への相談を拒否した場合は，相談に同伴してあげることを提案したり，「君のことが心配だから，このことを○○さんに相談してよいか？」と同僚の同意をとって，自ら関係者に相談する方法もあります。

　一般的に，事業場内の相談窓口と比較して，事業場外相談窓口へ相談することは心理的な抵抗感が少ないので，もし事業場がEAPなどの事業場外資源と契約している場合は，事業場外の相談窓口の情報も提供します。

　もしも同僚が「消えてしまいたい」とか，「○○さんを傷つけてしまいそう

だ」というような自傷他害のおそれがある発言をした場合は，できるだけ早く上司と専門家に相談し，専門家等の指示に従ってください。自傷他害のおそれがある場合は，本人の同意をとる必要はありません。

【参考文献】
1) 佐渡充洋，藤澤大介（編著）(2018)『マインドフルネスを医学的にゼロから解説する本〜医療者のための臨床応用入門〜』日本医事新報社，pp. 36-38, pp. 48-51，2018年
2) 熊野宏昭，鈴木伸一，下山晴彦．(2017)『臨床心理フロンティアシリーズ　認知行動療法入門』株式会社講談社，pp. 223-228，2017年
3) 厚生労働省「平成30年　労働安全衛生調査」2019年
4) Caplan, G. *"Support systems and community mental health"*, NewYork：Basic Books，1974年
5) Greenberg, J. S. *"Comprehensive stress management"*, Dubaque, IA：Brown & Benchmark，1993年
6) 服部祥子・山田冨美雄編「全訳『包括的ストレスマネジメント』」OSMA，1996年
7) ストレスマネジメント教育実践研究会編『ストレスマネジメント・ワークブック』東山書房，2002年
8) 河野友信他編『ストレス診療ハンドブック　第2版』メディカル・サイエンス・インターナショナル，2006年
9) 春木豊編著『心理臨床のノンバーバル・コミュニケーション』川島書店，1987年
10) 厚生労働省「平成30年　労働安全衛生調査」2019年
11) 杉渓一言・中澤次郎・松原達哉・楡木満生編著『産業カウンセリング入門』日本文化科学社，pp. 47-56, 1995年
12) 平木典子『アサーション・トレーニング』日精研心理臨床センター，2004年
13) 國分康孝『カウンセリングの技法』誠信書房，1989年

第5章｜ストレスへの対処、軽減の方法

第6章

社内外資源の活用

　セルフケアにおいて，労働者自らが実践できるストレス対処方法を
もっておくことはとても重要ですが，ストレス状況によっては個人で
対応することに限界がある場合も多いといえます。そのような場合，
どこに相談できる相手がいるのかを知っておくことが有用です。

　この章では，相談できる資源を事業場内資源と事業場外資源に分け，
それぞれの資源にどのような種類と特徴があるのかを解説します。事
業場内資源である産業医を中心とした産業保健スタッフ，人事労務管
理スタッフ，そして心の健康づくりに関する専門資格者の役割を押さ
え，かつ事業場外資源にはどのような機関があるのかを解説します。

　また，専門的な治療が必要になった場合，どの診療科を受診するの
がよいのか，治療の実態はどうなっているのかも押さえるようにして
ください。

1 活用できる資源

　日常のストレスとそこから生じる反応，あるいは疾病に個人で対応していくことは困難であったり，時間がかかったり，限界があったりします。悩みや心配ごとから，病気であるかの疑問，受診したほうがよいかどうかの判断などを気軽に相談できるさまざまな窓口（資源）が事業場内外にあります。

　前章では自発的な相談をすることが大切であり，どのように役に立つか述べましたが，ここでは相談を受けるスタッフはどのような人か，どのような窓口があるかを述べていきます[1]～[4]。

❶ 事業場内資源と事業場外資源

　相談できるところは，会社組織内部にある場合（事業場内資源）と組織外にある場合（事業場外資源）に大きく分けることができます。さらに，事業場外資源には会社と関係のあるもの（健康保険組合，契約機関など）と関係のないもの（公的な機関など）があります。

　こうした相談窓口などは，特に会社に関係するものでは，その整備状況はかなり格差があります。以下に取り上げる内容を参考に，日頃からそれぞれの職場でどのような窓口や相談体制があるのか確認しておくことが大切です。

　メンタルヘルスに関わることのほか，セクシュアルハラスメントやパワーハラスメントに関する相談を専門に受ける窓口も設置されていることが多いようです。

　図表1に大まかにどのような機関があるかを示しています。

① 相談できるスタッフの種類と特徴
　まず，メンタルヘルスに関わるどのようなスタッフ，資格をもった人が事業

事業場内資源			健康管理室（相談室），事業場内相談窓口，上司など管理職，各種スタッフ
事業場外資源	会社との関係がある組織		EAP機関など外部専門機関 健康保険組合 労働組合
	会社と関係のない組織	民間機関	専門医療機関，カウンセリング機関，ボランティア団体
		公的機関	精神保健福祉センター 保健所・保健センター 産業保健総合支援センター・地域窓口 （通称：地域産業保健センター） 相談窓口「こころの耳電話相談」 　　　　「こころの耳メール相談」 　　　　「こころの耳SNS相談」

場内外にいるかをみていきましょう。事業場内には衛生管理者，産業医など，メンタルヘルスに限らず健康管理に携わるスタッフがいます。そして，メンタルヘルスの専門家として，精神科医，心療内科医，精神保健福祉士，心理職（公認心理師，産業カウンセラー，臨床心理士，心理相談担当者など）といったさまざまな名前を目にします。それぞれどのような役割や特徴があるか知っておきましょう。

a) 衛生管理者・衛生推進者《事業場内》

常時50人以上の事業場では，衛生面を管理するための資格をもった衛生管理者がいます。メンタルヘルス面に限らず，従業員の健康を保持するための労働衛生管理体制を整えていく中心となる役割があります。常時50人未満の事業場では，衛生推進者を決めて同じような役割を担っています。

b) 産業医《事業場内・事業場外》

常時1,000人以上の人が働く事業場（有害な作業のある場合には500人以上）では，専属の産業医が基本的には常勤しています。常時50人以上の事業場では嘱託の産業医がいて，原則月に1回は事業場の職場巡視（一定の条件を満たしていれば，2ヵ月に1回にすることも可能）をすることになっています。産業

医は法令に基づき，一定の要件を備えていることが必要で，要件を満たすために修了する研修にはメンタルヘルスに関する項目も含まれています。

産業医は，事業者に健康管理などに必要な方策（メンタルヘルスをはじめとした衛生計画，職場の環境調整や適正配置など）に関して意見を述べることができ，必要に応じて勧告することができます。

ストレスチェック制度においては，産業医や産業医以外の医師，一定の研修を受けた歯科医師は実施者となることができます。また，産業医や医師は高ストレス者となった労働者が希望した面接を事業者から依頼され実施した場合，就労に関して事業者に意見を述べることになります。

c）産業看護職（看護師，保健師）《事業場内・事業場外》

職場における看護職は，法令上特に選任の規定はありません。しかし，専属産業医のいる事業場や，専属産業医がいない数百人程度の事業場であっても，看護師や保健師が常勤あるいは非常勤で産業医と連携しながら健康管理のための活動をしています。働く人にとって一番身近で，日頃の様子をよく把握している医療職といってよいでしょう。メンタルヘルスに関して心理相談担当者，産業カウンセラーなどの資格をもっている看護職もいます。また，健康保険組合に所属して活動をしていることもあります。

ストレスチェック制度においては，保健師や必要な研修を修了するなどした看護師は実施者になることができます。

d）人事労務管理スタッフ《事業場内》

事業場の安全衛生に日頃から関わっている部門の担当者です。職場内での環境調整，適正配置，メンタルヘルス不調で休むときや職場に戻るときにも関わりをもちます。

e）精神科医・心療内科医・精神保健指定医《事業場内・事業場外》

精神科医・心療内科医ともに，特に国が定めた規定があるわけではありません。精神疾患（精神科）や心身症（心療内科）の診療を専門としている医師です。それぞれ日本精神神経学会，日本心身医学会という組織があり，専門医・認定医制度をもっています。

精神保健指定医は精神保健福祉法に基づく「措置入院」（本人の同意がなく

ても入院させることができる）などを行うために必要な資格で，国の定めた要件を満たしている精神科医です。

f）精神保健福祉士《事業場外》

国家資格で，精神保健福祉領域のソーシャルワーカーのことです。病院と社会の橋渡しの役割を担い，精神障害者の抱える生活問題や社会問題の解決のための援助や，社会参加・復帰に向けての支援活動を行っています。精神科や保健所，精神保健福祉センター，社会復帰施設などにいます。ストレスチェック制度においては，必要な研修を修了すると実施者や共同実施者になることができます。

g）産業カウンセラー・キャリアコンサルタント《事業場内・事業場外》

心理測定，職業指導運動，精神衛生運動の3つがカウンセリングの源流です。そして，個人のもつ悩みや不安などの心理的問題について話し合い，その人間関係を含みながら，解決のために援助・助言を与えることをカウンセリングといい，カウンセラーはその専門家です。

その中で，産業カウンセラーは職場に関わるカウンセリングを行うカウンセラーで，働く人の個別のカウンセリングのほか，キャリア開発の援助も担当します。一般社団法人日本産業カウンセラー協会が認定しています。

また，キャリア形成を目的とした相談・コンサルティングを行うキャリアコンサルタントが国家資格として認定され活動しています。

h）公認心理師・臨床心理士《事業場内・事業場外》

どちらも臨床心理学の知識や技術（心理療法）を用いて心の問題を扱う専門家ですが，公認心理師は，公認心理師法に基づき心理状態の評価・分析，心理相談や援助を行う国家資格である専門家，臨床心理士は，多くの学会が協力してつくった公益財団法人日本臨床心理士資格認定協会が指定した臨床心理系の大学院を修了し，協会が実施した資格試験に合格した専門家です。

公認心理師は一定の研修を受けるとストレスチェック制度の実施者となることができます。

i）心理相談担当者《事業場内・事業場外》

厚生労働省の健康の保持増進のための「トータル・ヘルスプロモーション・

プラン（THP）」のストレス対策の担い手で，専門研修を受けて資格を取得した人です。職場の中でメンタルヘルスケアの実施，ストレスに対する気づきの援助，リラクセーションの指導，良好な職場環境の雰囲気づくり（相談しやすい環境など）を担当します。

② 事業場内の相談窓口

社内の相談窓口の特徴は，何といっても職場の環境や仕事の内容，就業規則など社内規定を十分に理解しているところです。細かな業務内容は別にして，いちいち説明しなくても理解してもらえますし，業務上の配慮や環境調整が必要な場合に，それらを実施する素地があります。療養のため休みをとる必要のあるときの手続き方法などを容易に知ることができることは大きなメリットです。こうした健康管理室や相談窓口では，十分にプライバシーの確保が考慮されているものです。

しかし，相談室に行くのも人に見られて嫌であると感じたり，プライバシーが守られないのではないか，人事評価に影響するのではないかといった懸念があったりする場合には，まず社外の窓口を利用するのがよいでしょう。

③ 事業場外の相談窓口

会社と関連して社外にある相談窓口には，会社が外部の専門機関（EAP（Employee Assistance Program：従業員支援プログラム））に委託して設置しているもののほか，健康保険組合が設置しているもの，労働組合が設置しているものなどがあり，社員やその家族が原則的には無料で利用できるようになっています。

利用の方法としては，直接会って相談する場合やオンライン（Web）で行う場合，電話やファクシミリ，ときには電子メールを用いて相談する場合があります。直接会っての相談では，多くの場合，予約をしておく必要があります。

社外の相談窓口のメリットは，会社から独立しており，特別な場合（例えば，自殺するリスクがあるなど）以外，本人の同意なしに会社などと連絡をとることはありませんので，誰が相談しているかも会社は把握せず，プライバシーが

守られ，安心して深い内容の相談ができることにあります。社内と異なり利害関係もありませんし，人事評価をする人などとも無縁で，社内の慣習や風土に左右されることなく客観的なアドバイスや相談，カウンセリングを受けることが期待できます。

ただし，相談回数が制限されたり，ある回数を超えるカウンセリングでは有料になったり，対応してくれる人が同じ人とは限らない可能性もあります。また，社内と比較すると，業務の内容や社内のさまざまな制度を十分理解していないことがあるかもしれません。

外部の窓口相談だけでは相談者のメンタルヘルス不調の問題解決が不十分で，継続したカウンセリングが必要であるとか，医学的な治療が必要であると判断された場合には，適切な専門機関を紹介してくれます。

このような内容を相談してもよいのかなど，相談しようかどうかと迷うよりも，まずは連絡をしてみるのがよいでしょう。

④ 公的な相談機関

誰でも利用できる公的な相談窓口があります。

一番身近にあるのは保健所や保健センターで，都道府県・政令指定都市や市区町村に設置されています。地域の精神保健の第一線の窓口になり，メンタルヘルスの相談担当者がいます。

精神保健福祉センターは，各都道府県と政令指定都市に設置された精神保健の総合的な技術センターです。メンタルヘルスに関する窓口相談やメール相談のほか，自殺関連，薬物関連などの特別な相談窓口を設けているセンターもあります。職場でのストレス相談や，病院を受診したほうがよいのかどうか，精神疾患の治療についてなど，自分自身のメンタルヘルスについて幅広く相談できます。

精神保健福祉センターや保健所など全国の相談窓口へのリンクが，厚生労働省の「みんなのメンタルヘルス総合サイト」の「地域にある相談先」に集約されています。

また，厚生労働省は電話相談「こころの耳電話相談」やメール相談である働

く人の「こころの耳メール相談」も設置しています。

　そのほかに，自殺を考えている方から電話を通して悩みを聴いて心の支えになってくれる電話相談「いのちの電話」は，養成課程を修了したボランティア相談員により全国で運営されています。全国のいのちの電話の一覧は一般社団法人日本いのちの電話連盟ホームページ（http://www.inochinodenwa.org/lifeline.php）で確認することができます。

⑤ インターネット上の情報資源

　近年ではインターネット上でもさまざまな情報を得たり，教育を受けたりすることができるようになりました。しかし，その情報が信頼できるものかどうかの判断はなかなか難しいものです。厚生労働省では働く人のメンタルヘルスのための情報を「こころの耳」（https://kokoro.mhlw.go.jp/）というポータルサイトに集め発信しているほか，「みんなのメンタルヘルス総合サイト」（https://www.mhlw.go.jp/kokoro/），「こころもメンテしよう～若者を支えるメンタルヘルスサイト～」（https://www.mhlw.go.jp/kokoro/youth/stress/）でも情報発信し，知識を学ぶことができるようになっています。

　また，「厚生労働省自殺対策推進室　支援情報検索サイト」（http://shienjoho.go.jp）では相談窓口を検索することでき，支援情報が掲載されたサイトの情報が集められています。

2 専門相談機関の知識

　ここでは，日常のメンタルヘルス相談というよりも，より専門的に治療を受けるという側面でどのような医療機関があり，どんなときに受診して，どのように治療が行われるのかをみていきます[5]~[8]。

❶ 医療機関の種類と選び方

　せっかく医療機関を受診していても，適切でない診療科で診断・治療を受けてしまうケースがみられます。まず，どの科を受診するのかを理解しましょう。

① 専門の診療科とは

　心に関わる疾患を扱う診療科は「精神科」と「心療内科」です。よく似た名前で神経内科がありますが，神経内科は心に関わる疾患を扱う科ではありません。心に関わる疾患のうち，症状が主に身体の症状・疾患（心身症）として現れるものを扱う科が心療内科であり，精神の症状・疾患（精神疾患）として現れるものを扱う科が精神科となります。**図表2**に科と医師と疾患の関係を示しておきます。

　心身症とは身体疾患の中で，その発症や経過に心理社会的因子が密接に関与し，器質的ないし機能的障害が認められる病態で，例えば，胃潰瘍，喘息などの中でストレスがかかると起こったり，悪くなったりするものをいいます。心身症に関しては，第2章2節❶に詳しく述べられていますので参照してください。代表的な心身症を示す疾患や精神疾患を**図表3**に示しておきます。しかし，例えば，うつ病は精神疾患ですが，身体症状が中心に出てくることも少なくなく，心療内科でも治療されています。

　また，精神科より心療内科のほうが受診するのに抵抗がないであろうなどの

図表2 診療科と医師と疾患の関係

診療科	神経内科	精神科		心療内科	内科・外科など
医　師	神経内科医	精神科医		心療内科医	内科医・外科医など

担当する疾患：

- 身体疾患
- 心身症
- 気分障害，神経症性障害
- 統合失調症／アルコール依存症
- 認知症
- 神経の病気
- 脳血管障害

出所：大野裕監修『職場のメンタルヘルス』東京法規出版を一部改変，追加

図表3 心身症を示す疾患と精神疾患（代表的なもの）

心身症	精神疾患
胃・十二指腸潰瘍 狭心症，心筋梗塞，高血圧症 気管支喘息，過換気症候群 過敏性腸症候群，潰瘍性大腸炎 緊張型頭痛，偏頭痛 摂食障害 糖尿病　　　　など	気分障害（躁うつ病，うつ病など） 神経症性障害（不安障害，パニック障害，強迫性障害） 心的外傷後ストレス障害（PTSD）など 統合失調症 アルコール依存症　　　　など

出所：筆者作成

理由から，精神科の医師も心療内科と標榜していることがあります。見分け方としては，精神保健指定医と標榜してあれば精神科の医師がいると思ってよいでしょう。

② 適切な治療，通院継続・治療継続のために

　治療には外来通院治療と入院治療があります。精神疾患の入院に関しては「精神病床」の許可を取らなくてはならないことになっています。医療機関に

は病院と診療所があり，診療所は入院施設がないか，施設があっても19床以下のものをいいます。「〇〇クリニック」となっている場合は診療所に当たるでしょう。

　治療を始めるに当たって，診断をつけるためにさまざまな検査や精神科・心療内科以外の科での診察が必要になることもあります。こうした意味では，大学病院や総合病院は大きなメリットがあります。一方，心に関わる疾患治療の場合，2〜3回の受診で終わることは少ないので，就業している状態でも（地理的に，時間的に）通院を継続できる医療機関であることが望まれます。

　また，信頼できる医師を見つけて，同じ医師に継続して診てもらえると治療を継続しやすくなります。大学病院や総合病院では，同じ医師に診てもらうために曜日が指定されてしまったり，医師が転勤してしまったりといったことも考えられますが，病院でもクリニック（診療所）でも，開設している先生が主治医であれば継続して診てもらえる可能性が高いでしょう。

❷ 受診を決めるポイント

① 自分で気づく（生活習慣の変化と自覚症状）

　ストレスに対して心や身体が適応できない状態が続くと，病気が引き起こされます。例として挙げた**図表4**のような生活習慣上の変化や**図表5**のような自覚症状が継続しているときには，産業医や産業保健スタッフ（保健師など）に

図表4　生活習慣上の変化

・日頃から楽しみにしている趣味をしなくなった，面倒になった
・運動するのをやめてしまった
・タバコの本数が増えた
・お酒を飲む量が増えた，寝るために飲むようになった
・朝食をとらなくなったり，過食するようになったりする
・寝つけない，朝早く目が覚めたり，夜中に目覚めたりする

出所：筆者作成

相談するか，受診するようにしましょう。

　特に，憂うつな気分，悲嘆気分，不眠や気力低下，集中力の低下といった症状が週単位で継続するときには受診する必要があります。

② 他科での診療で異常がない

　図表5にあるような身体症状が中心の場合，例えば，下痢，吐き気などの消化器の症状，胸が痛い・苦しい・動悸がするといった循環器症状，めまい，頭痛といった脳神経症状に対しては，内科やその他の診療科をまず受診することが多いことでしょう。しかし，検査をして臓器に異常がないと判断された場合や，治療を継続していても改善が思わしくない場合は，心に関わる疾患の可能性があります。

図表5 自覚症状

- 朝，気持ちよく起きられず，気分が悪い
- 頭がすっきりしない，頭重感がある
- 肩こりや背中，腰が痛くなる
- 食欲がなく，体重が減ってきた
- お腹が張る，下痢や便秘を交互に繰り返す
- 吐き気がする，嘔吐する
- 些細なことに腹が立ち，イライラする
- 目が疲れたり，目がかすんだりする
- めまいや立ちくらみがあったりする
- 急に苦しくなったり，胸が痛くなったり，動悸がしたりする
- 手足が冷たく感じたり，汗をかきやすかったりする
- よく風邪をひくが，治りにくく長引く
- 前日の疲れがとれず，朝方から身体がだるい
- 寝つきが悪く，夢を見ていることが多い
- 気分が沈みがちで，憂うつである
- 仕事をやる気がなくなり，疲れやすい
- 仕事などをしていても集中できない
- 人に会うのがおっくうで，何でも面倒くさい
- 身体を動かすのがおっくう

出所：大野裕監修『働く人の快適メンタルヘルス』東京法規出版を一部改変

特に，うつ病では，身体症状が強く出る場合があり，仮面うつ病と呼ばれることがあります。このようなときには，心療内科や精神科を受診することを考えます。主治医に相談して，それまでの検査の結果や症状や治療の経過を書いた紹介状を作成してもらって受診するのがよいでしょう。

③ 他の人が気づきすすめる

生活習慣などの変化は，同僚などとの日常会話の中から気づかれることもあります。また，仕事ぶりを見ていて，集中できていない，ミスをよくするようになった，こだわってあまり重要でないことをしている，仕事の順序を決めきれないといった様子が日頃と異なって現れてきた場合は，注意が必要です。

親しく日頃から十分にコミュニケーションをとれている人であれば，体調の変化なども尋ねて，受診を勧めることもできます。日頃からこうした関係にない人であれば，産業保健スタッフや上司に気づいたことを伝えるようにしましょう。こうした際に，自分だけでどうにか対応しようとする必要は決してありません。

また，体調に関して，特にその人と話をして，「死にたい」などと自殺を示唆するような言葉が聞かれたときは，たとえその人からこのことは内緒にしておいてほしいと言われても，産業保健スタッフや上司，適切な相談窓口に連絡して対応してもらうようにしたいものです。

❸ 治療の実際

どの病気でも同じですが，病院を受診するとまず病気の診断を行います。このとき，別の疑わしい病気でないことを確認するために，血液検査などの検査を受けたり，いくつかの科を受診したりする必要があります。精神科や心療内科では，調査票や心理テストの記入，現在の症状だけでなく，過去の病歴や生育歴，生活歴，家族の状況などを聴取し，面接・診察を経て診断されます。

その上で，

① 病気の説明

② 選択できる治療の方針と方法（その際の薬の副作用など，望ましくない効果の説明など）

③ 患者・家族・周囲のものが守るべきこと

④ 治療の一般的な経過や今後の見通し

について説明を受けることになります。

　ここでは主にうつ病の治療を中心に説明していきますが，うつ病以外の心の病気でも同じような治療が行われます。

① 入院治療・外来治療（休養のために）

　治療は，第一に休養，第二に薬物療法，さらに心理療法・精神療法などが用いられます。そのほかには，職場での環境調整が大切なこともあります。まずは，休養についてみていきます。

　うつ病の状態は，エネルギーが枯渇した状態，ダムでたとえると渇水状態といわれており，休養をしっかりとり，エネルギーを十分に蓄える必要があります。どの程度，どのくらいの期間，十分な休養をとるかはそれぞれの病気の程度によっても異なります。数日程度会社を休めばよい程度から，数ヵ月休む必要のある場合までさまざまです。休んでいる間に，焦りからではなく退屈して動き出したくなるまでというのも休養をとるひとつの目安となります。

　この休養，会社を休むということがなかなかできない人もいます。もともと生真面目で責任感が強い人によくみられ，休むことで他の人の迷惑になる，休むことに罪悪感がある，休むことで自分の居場所がなくなるのではないかと不安をもつことなどが休養の妨げになることがあります。この休養を十分にとる目的で入院をすることがあります。

　その他，入院を必要とするのは，自殺をするおそれがあり，危険性が高く，たとえ家族と同居していても防ぎきれないような場合，重度のうつ病で食事も十分にとれず身体的な管理が必要な場合，焦燥感，不安感が強くて不安定な場合など，医学的な意味で入院を要するケースです。また，統合失調症で幻覚妄想状態，躁うつ病での躁状態がひどい場合など，自傷他害のおそれが強い，社会的信頼を失うおそれがある場合なども入院が必要になります。

さらに，ひとり暮らしで衣食など日常生活，生活リズムを保つことが困難な場合，ひとりでいるのが不安，規則的な服薬を守れないような場合は入院を考えることになります。服薬中はアルコールを避けることが望まれますが，飲酒行動に問題があるときは，入院している期間は確実に禁酒することになるというメリットもあります。また，自宅で療養したくても家庭の状況で休養にならない，あるいは家にいると仕事が気になってしかたがないというときには，気持ちを切り替えて療養・休養に専念するために入院を考えてよいでしょう。

　入院あるいは自宅療養であっても，ある期間以上会社を休むことになると，休職という手続きをとる必要が出てきます。どれくらい休むと休職になるかは，各会社で異なりますし，どれくらい有給休暇があるかによっても異なってきます。また，休職可能な期間はどれくらいか，休職期間中の給与補償も会社によりまちまちです。休職に入る際には，可能であればこれらの情報を得るようにしておきましょう。自分自身が十分に情報を得ることができない場合は，家族などに確認してもらうのもよいでしょう。

　休職期間中は休養を十分にとり，主治医から指示された治療内容を守り，病気の状況を少しずつでも改善させることが第一です。入院している場合はよいのですが，自宅療養の場合は生活リズムが乱れがちになりやすいので，生活リズムが乱れないように気をつける必要があります。病気の状態によっても異なりますが，休職期間中にどのような状態にまで改善させるかをはっきりさせておくことも大切です。特に，繰り返して休職しているような場合には，休む際に主治医，職場の上司などとよく話し合っておくことです。主治医から止められない限り，休職期間中も定期的に会社の上司や産業保健スタッフと連絡をとっておくとよいでしょう。その際，できれば連絡する窓口を決めておくとよいでしょう。

　生活リズムを保つことができ，少しずつ意欲の回復や症状の改善がみられてきたとき，少し退屈してきたときは，まず仕事以外で自分が楽しめることを実行してみましょう。こうしたことは，具体的には主治医と相談しながら実施してください。さらに，仕事と関連する事柄と接するようにしていき，職場への復帰を考え始めましょう。

職場復帰は急に決めるものではなく，復帰しようという意欲が出てきたときに主治医や職場の窓口の人と相談するようにしましょう。焦りや他の人にこれ以上迷惑をかけられないからといった理由で復帰を申し出ることは避けたほうがよいでしょう。最近では，復帰に向けてのプログラムを考えてくれる事業場も少なくありません。職場にうまく適応できないのではないか，準備に不安があるといったときには，主治医に職場復帰について相談し準備を進めたり，地域障害者職業センターが提供している復職支援（リワーク支援）事業を利用したりすることができます。復職支援事業では，復職を行うための訓練やグループワーク，そして職場との調整を専門のスタッフが行ってくれます。

　復職した際には，最初から元気だったころのイメージで仕事をすることは避け，どうすればよい状態を保つことができるのか，再び悪くならないためにはどうしたらよいか，といったことを考えながら就労するようにしましょう。

② 治療方法（薬物，カウンセリング）

a）必須の薬物療法

　心の問題に薬で対応するのはいかがなものかとか，依存するのではないかと，薬に抵抗感，否定的な先入観をもっている人も少なくありませんが，心の病気の場合，単なる「疲れ」「気のもちよう」などではなく，明らかな脳の生理学的・機能的な病的状態，つまり病気です。病気の原因となっている脳内の神経伝達物質の働きの異常を回復させる効果のある薬物が必要です。

　うつ病の場合，使われる薬剤は，抗うつ薬，抗不安薬，睡眠剤のほか，必要に応じて抗精神病薬が使われます。周囲の人は十分な知識なしに，治療中の人に「いつまでも薬に頼るな」と言うことがありますが，病気の治療ですから，周囲の意見に惑わされず信頼する主治医に任せて，その指示に従うようにしたいものです。

　治療の際に，どのような薬を使っていくのかをある程度理解しておきましょう。実際に治療を受けるときに，どのような薬をどのような目的で使うのかを主治医に確認することは決して悪いことではありません。

1）抗うつ薬

脳内の神経伝達物質の働きを回復させる作用のある薬です。三環系抗うつ薬，四環系抗うつ薬，選択的セロトニン再取り込み阻害薬（SSRI），セロトニン・ノルアドレナリン再取り込み阻害薬（SNRI），ノルアドレナリン作動性・特異的セロトニン作動性抗うつ剤（NaSSA），セロトニン遮断再取り込み阻害薬（SARI），セロトニン再取り込み阻害・セロトニン受容体調節薬（S-RIM），その他があります。

これらの薬のうち，どれかを2〜4週間服用し，経過をみて効果があれば継続，効果がなければ増量してさらに2〜4週間後，効果がなければ薬剤の変更などを行っていくという治療の流れになります。このように，他の疾患の治療に比べて，効果が出るのがゆっくりであると考えておく必要があります。

抗うつ薬では，有効な作用が得られる前に副作用が出現することがあります。三環系抗うつ薬や四環系抗うつ薬では，眠気，眼のかすみ，口の渇き，動悸，便秘，排尿困難，立ちくらみなどです。三環系のほうが四環系よりもこのような副作用は強く出ます。これに対して，近年第一選択薬として使用されることの多いSSRI，SNRIは副作用が少ない薬です。しかし，吐き気などの消化器症状がみられることがあります。また，SSRIはある種の薬剤との併用ができないことがあります。

NaSSAはさらに新しい抗うつ剤ですが，抗うつ作用が強い反面，眠気や体重増加がみられることがあります。

その他の薬剤では，スルピリドなどがあります。スルピリドは，少量では潰瘍の治療薬として，大量では統合失調症の治療薬としても使われる薬です。

こうした抗うつ剤は，医師の指示どおりに飲んでいくことが大切です。効果の発現がゆっくりであるとともに，病気の状態がよくなってからも，半年，1年という長期の継続が必要とされています。これは病気の再発を防ぐために大切なことです。決して周囲の十分な知識のない人の意見に流されないようにしましょう。

2）抗不安薬・睡眠剤

抗不安薬は，うつ病で不安の強い場合，抗うつ剤の効果が出てくるまでの期

間に抗うつ剤と併せて使用されることがあり，SSRI などの投与初期にみられる不安・焦燥感に対しても用いられます。

　睡眠障害もうつ病でよくみられる症状ですし，休養をとるためにも生活リズムを確立するためにも十分な睡眠をとることが大切ですから，睡眠薬が使われることがよくあります。睡眠障害を改善するための薬剤として抗不安薬と同様の作用のもののほか，睡眠や覚醒に影響する体内の物質の作用調整を図るものがあります。うつ病の状態がよくなってくると睡眠障害も改善することが多いので，状態に合わせて調整をしていきます。

3）抗精神病薬

　幻覚，妄想といった精神症状をともなううつ病や，不安や焦燥感が前面に出て落ち着きなく動き回るようなうつ病あるいは抗うつ剤の効果が不十分な場合などでは，統合失調症に用いるような抗精神病薬を使用することがあります。

4）気分安定剤

　気分の波を抑え，安定させる作用を有する気分安定剤は，うつと躁状態を繰り返す双極性障害や，抗うつ剤だけでは効かないうつ病に使用されます。気分安定剤としてはリチウムや抗てんかん剤，いくつかの抗精神薬があります。

b）心理療法・精神療法

　心理療法・精神療法は，話すこと・聴くこと，治療する人との人間関係などを通して心にアプローチして，その不調を改善していこう，心理的な援助をしていこうというものです。なかでも物事の捉え方のゆがみを客観的に修正して，考え方やそこから生じる感情を安定してコントロールできるようにすることで不安定な心身状態から回復し，不適切な状態に陥ることを防いでいこうとする治療法を認知行動療法といいます。

　こうした心理的な治療だけでうつ病を治療することはできませんが，うつ病の場合は薬物療法とともに認知行動療法のうち，認知に注目した認知再構成法が用いられます。うつ病の人の考え方の特徴として，全か無かの思考，破局的なものの見方，過度の一般化，何でもネガティブに考えてしまう，○○すべきという思考などがあるとされていますので，こうしたものの考え方，受け止め方（認知）のゆがみを戻していこうという治療法です。

また，問題を解決するスキルを身につけていく問題解決技法も用いられます。問題を明確にして具体的な解決のアイデアをたくさん考え，一番役立ち実行可能なものに取り組んでいき，うまく解決できなければ問題の明確化をやり直します。うまく解決できれば認知も変わっていきます。ただし，うつ病の状態によっては自分の性格や問題について深く考えることを避けたほうがよいときもあるので，この治療をするかどうかは主治医の判断になります。

　その他，心の病気の場合には，自律訓練法，交流分析，家族療法などさまざまな治療法が用いられることがあります。

c) その他の治療

　この他に，うつ病では電撃療法，磁気刺激治療，高照度光療法，断眠療法といった治療法がそれぞれ病態に合わせて用いられることがあります。また，抗うつ剤の副作用である便秘などに対応した薬が加えられることもあります。

③職場復帰に当たって

　近年のうつ病や不安障害は，以前のような医療機関だけでの治療では復職が困難であったり，復帰しても再発や再休職になることがしばしばみられるため，職場復帰を目的とした認知行動療法，作業療法，リハビリテーションなどの実施が医療機関などでプログラムとして構築されるようになり，リワークプログラムと呼ばれています。

　このプログラムは職場復帰のために，症状の自己管理，自己洞察，コミュニケーション，集中力，モチベーション，感情表現，リラクセーション，基礎体力といった内容を目的に，個人プログラム，集団プログラムなどを組み合わせて実施されています。復職後の就労継続期間を指標とした比較では，リワークプログラムを受けた人たちの予後が良好であるとされています。

　地域障害者職業センターで行われているリワークプログラムでは，休職中のうつ病など精神障害の従業員が円滑に職場復帰できるように，本人だけでなく事業主に対して，主治医などと連携した支援を行います。うつ病などで休職している従業員がセンターを利用して，復帰のためのリハビリテーションを通して，職業生活リズムの構築や職場復帰への不安の軽減などの支援が受けられる

とともに，事業主は職場復帰受け入れ体制の準備，障害の状況に配慮した雇用管理などに関して助言・援助などを受けることができます。

　一部の精神科医療機関でもリワークプログラムが提供されており，一般社団法人日本うつ病リワーク協会（http://www.utsu-rework.org）で実施医療機関を確認することができます。

【参考文献】
1）日本産業精神保健学会編『精神障害等の労災認定「判断指針」対応　職場におけるメンタルヘルス対策』労働調査会，2000年7月
2）島悟「事業場外資源の活用法」日本医師会監修『心の病11―治療と予防の現在―』労働調査会，pp. 88-97，2004年3月
3）涌井美和子『企業のメンタルヘルス対策と労務管理』日本法令，2005年7月
4）大西守「わが国における産業精神保健の現状と課題」『精神療法』30巻5号，pp. 477-482，2004年
5）上島国利編『メンタルケア　ドラッグ＆治療ガイド2004-05―病態，症状，行動からみた処方ガイド―』メディカルドゥ，2003年12月
6）樋口輝彦編『うつ病診療ハンドブック』メディカルレビュー社，2002年4月
7）メイヨー・クリニック『うつ病』法研，2002年6月
8）樋口輝彦『Primary care note　うつ病』日本医事新報社，2004年3月

労働安全衛生法（抜粋）

最終改正令和元年６月14日法律第37号

（面接指導等）

第66条の８　事業者は，その労働時間の状況その他の事項が労働者の健康の保持を考慮して厚生労働省令で定める要件に該当する労働者（次条第１項に規定する者及び第66条の８の４第１項に規定する者を除く。以下この条において同じ。）に対し，厚生労働省令で定めるところにより，医師による面接指導（問診その他の方法により心身の状況を把握し，これに応じて面接により必要な指導を行うことをいう。以下同じ。）を行わなければならない。

2　労働者は，前項の規定により事業者が行う面接指導を受けなければならない。ただし，事業者の指定した医師が行う面接指導を受けることを希望しない場合において，他の医師の行う同項の規定による面接指導に相当する面接指導を受け，その結果を証明する書面を事業者に提出したときは，この限りでない。

3　事業者は，厚生労働省令で定めるところにより，第１項及び前項ただし書の規定による面接指導の結果を記録しておかなければならない。

4　事業者は，第１項又は第２項ただし書の規定による面接指導の結果に基づき，当該労働者の健康を保持するために必要な措置について，厚生労働省令で定めるところにより，医師の意見を聴かなければならない。

5　事業者は，前項の規定による医師の意見を勘案し，その必要があると認めるときは，当該労働者の実情を考慮して，就業場所の変更，作業の転換，労働時間の短縮，深夜業の回数の減少等の措置を講ずるほか，当該医師の意見の衛生委員会若しくは安全衛生委員会又は労働時間等設定改善委員会への報告その他の適切な措置を講じなければならない。

第66条の８の２　事業者は，その労働時間が労働者の健康の保持を考慮して厚生労働省令で定める時間を超える労働者（労働基準法第36条第11項に規定する業務に従事する者（同法第41条各号に掲げる者及び第66条の８の４第１項に規定する者を除く。）に限る。）に対し，厚生労働省令で定めるところにより，医師による面接指導を行わなければならない。

2　前条第２項から第５項までの規定は，前項の事業者及び労働者について準用する。この場合において，同条第５項中「作業の転換」とあるのは，「職務内容の変更，有給休暇（労働基準法第39条の規定による有給休暇を除く。）の付与」と読み替えるものとする。

第66条の８の３　事業者は，第66条の８第１項又は前条第１項の規定による面接指導を実施するため，厚生労働省令で定める方法により，労働者（次条第１項に規定する者を除く。）の労働時間の状況を把握しなければならない。

第66条の8の4 事業者は，労働基準法第41条の2第1項の規定により労働する労働者であつて，その健康管理時間（同項第3号に規定する健康管理時間をいう。）が当該労働者の健康の保持を考慮して厚生労働省令で定める時間を超えるものに対し，厚生労働省令で定めるところにより，医師による面接指導を行わなければならない。

2 第66条の8第2項から第5項までの規定は，前項の事業者及び労働者について準用する。この場合において，同条第5項中「就業場所の変更，作業の転換，労働時間の短縮，深夜業の回数の減少等」とあるのは，「職務内容の変更，有給休暇（労働基準法第39条の規定による有給休暇を除く。）の付与，健康管理時間（第66条の8の4第1項に規定する健康管理時間をいう。）が短縮されるための配慮等」と読み替えるものとする。

第66条の9 事業者は，第66条の8第1項，第66条の8の2第1項又は前条第1項の規定により面接指導を行う労働者以外の労働者であつて健康への配慮が必要なものについては，厚生労働省令で定めるところにより，必要な措置を講ずるように努めなければならない。

（心理的な負担の程度を把握するための検査等）

第66条の10 事業者は，労働者に対し，厚生労働省令で定めるところにより，医師，保健師その他の厚生労働省令で定める者（以下この条において「医師等」という。）による心理的な負担の程度を把握するための検査を行わなければならない。

2 事業者は，前項の規定により行う検査を受けた労働者に対し，厚生労働省令で定めるところにより，当該検査を行つた医師等から当該検査の結果が通知されるようにしなければならない。この場合において，当該医師等は，あらかじめ当該検査を受けた労働者の同意を得ないで，当該労働者の検査の結果を事業者に提供してはならない。

3 事業者は，前項の規定による通知を受けた労働者であつて，心理的な負担の程度が労働者の健康の保持を考慮して厚生労働省令で定める要件に該当するものが医師による面接指導を受けることを希望する旨を申し出たときは，当該申出をした労働者に対し，厚生労働省令で定めるところにより，医師による面接指導を行わなければならない。この場合において，事業者は，労働者が当該申出をしたことを理由として，当該労働者に対し，不利益な取扱いをしてはならない。

4 事業者は，厚生労働省令で定めるところにより，前項の規定による面接指導の結果を記録しておかなければならない。

5 事業者は，第3項の規定による面接指導の結果に基づき，当該労働者の健康を保持するために必要な措置について，厚生労働省令で定めるところにより，医師の意見を聴かなければならない。

6 事業者は，前項の規定による医師の意見を勘案し，その必要があると認めるときは，当該労働者の実情を考慮して，就業場所の変更，作業の転換，労働時間の短縮，深夜業の回数の減少等の措置を講ずるほか，当該医師の意見の衛生委員会若しくは安全衛生委員会又は労働時間等設定改善委員会への報告その他の適切な措置を講じな

ければならない。

7　厚生労働大臣は，前項の規定により事業者が講ずべき措置の適切かつ有効な実施を図るため必要な指針を公表するものとする。

8　厚生労働大臣は，前項の指針を公表した場合において必要があると認めるときは，事業者又はその団体に対し，当該指針に関し必要な指導等を行うことができる。

9　国は，心理的な負担の程度が労働者の健康の保持に及ぼす影響に関する医師等に対する研修を実施するよう努めるとともに，第2項の規定により通知された検査の結果を利用する労働者に対する健康相談の実施その他の当該労働者の健康の保持増進を図ることを促進するための措置を講ずるよう努めるものとする。

（心身の状態に関する情報の取扱い）

第104条　事業者は，この法律又はこれに基づく命令の規定による措置の実施に関し，労働者の心身の状態に関する情報を収集し，保管し，又は使用するに当たつては，労働者の健康の確保に必要な範囲内で労働者の心身の状態に関する情報を収集し，並びに当該収集の目的の範囲内でこれを保管し，及び使用しなければならない。ただし，本人の同意がある場合その他正当な事由がある場合は，この限りでない。

2　事業者は，労働者の心身の状態に関する情報を適正に管理するために必要な措置を講じなければならない。

3　厚生労働大臣は，前2項の規定により事業者が講ずべき措置の適切かつ有効な実施を図るため必要な指針を公表するものとする。

4　厚生労働大臣は，前項の指針を公表した場合において必要があると認めるときは，事業者又はその団体に対し，当該指針に関し必要な指導等を行うことができる。

（健康診断等に関する秘密の保持）

第105条　第65条の2第1項及び第66条第1項から第4項までの規定による健康診断，第66条の8第1項，第66条の8の2第1項及び第66条の8の4第1項の規定による面接指導，第66条の10第1項の規定による検査又は同条第3項の規定による面接指導の実施の事務に従事した者は，その実施に関して知り得た労働者の秘密を漏らしてはならない。

資料

（資料２）

労働安全衛生規則（抜粋）

最終改正令和3年2月25日厚生労働省令第40号

第6章　健康の保持増進のための措置

第1節の3　長時間にわたる労働に関する面接指導等

（面接指導の対象となる労働者の要件等）
第52条の2　法第66条の8第1項の厚生労働省令で定める要件は，休憩時間を除き1週間当たり40時間を超えて労働させた場合におけるその超えた時間が1月当たり80時間を超え，かつ，疲労の蓄積が認められる者であることとする。ただし，次項の期日前1月以内に法第66条の8第1項又は第66条の8の2第1項に規定する面接指導を受けた労働者その他これに類する労働者であつて法第66条の8第1項に規定する面接指導（以下この節において「法第66条の8の面接指導」という。）を受ける必要がないと医師が認めたものを除く。
2　前項の超えた時間の算定は，毎月1回以上，一定の期日を定めて行わなければならない。
3　事業者は，第1項の超えた時間の算定を行つたときは，速やかに，同項の超えた時間が1月当たり80時間を超えた労働者に対し，当該労働者に係る当該超えた時間に関する情報を通知しなければならない。

（面接指導の実施方法等）
第52条の3　法第66条の8の面接指導は，前条第1項の要件に該当する労働者の申出により行うものとする。
2　前項の申出は，前条第2項の期日後，遅滞なく，行うものとする。
3　事業者は，労働者から第1項の申出があつたときは，遅滞なく，法第66条の8の面接指導を行わなければならない。
4　産業医は，前条第1項の要件に該当する労働者に対して，第1項の申出を行うよう勧奨することができる。

（面接指導における確認事項）
第52条の4　医師は，法第66条の8の面接指導を行うに当たつては，前条第1項の申出を行つた労働者に対し，次に掲げる事項について確認を行うものとする。
　一　当該労働者の勤務の状況
　二　当該労働者の疲労の蓄積の状況
　三　前号に掲げるもののほか，当該労働者の心身の状況

（労働者の希望する医師による面接指導の証明）

第52条の5　法第66条の8第2項ただし書の書面は，当該労働者の受けた法第66条の8の面接指導について，次に掲げる事項を記載したものでなければならない。

　一　実施年月日

　二　当該労働者の氏名

　三　法第66条の8の面接指導を行つた医師の氏名

　四　当該労働者の疲労の蓄積の状況

　五　前号に掲げるもののほか，当該労働者の心身の状況

（面接指導結果の記録の作成）

第52条の6　事業者は，法第66条の8の面接指導（法第66条の8第2項ただし書の場合において当該労働者が受けたものを含む。次条において同じ。）の結果に基づき，当該法第66条の8の面接指導の結果の記録を作成して，これを5年間保存しなければならない。

2　前項の記録は，前条各号に掲げる事項及び法第66条の8第4項の規定による医師の意見を記載したものでなければならない。

（面接指導の結果についての医師からの意見聴取）

第52条の7　法第66条の8の面接指導の結果に基づく法第66条の8第4項の規定による医師からの意見聴取は，当該法第66条の8の面接指導が行われた後（同条第2項ただし書の場合にあつては，当該労働者が当該法第66条の8の面接指導の結果を証明する書面を事業者に提出した後），遅滞なく行わなければならない。

（法第66条の8の2第1項の厚生労働省令で定める時間等）

第52条の7の2　法第66条の8の2第1項の厚生労働省令で定める時間は，休憩時間を除き1週間当たり40時間を超えて労働させた場合におけるその超えた時間について，1月当たり100時間とする。

2　第52条の2第2項，第52条の3第1項及び第52条の4から前条までの規定は，法第66条の8の2第1項に規定する面接指導について準用する。この場合において，第52条の2第2項中「前項」とあるのは「第52条の7の2第1項」と，第52条の3第1項中「前条第1項の要件に該当する労働者の申出により」とあるのは「前条第2項の期日後，遅滞なく」と，第52条の4中「前条第1項の申出を行つた労働者」とあるのは「労働者」と読み替えるものとする。

（法第66条の8の3の厚生労働省令で定める方法等）

第52条の7の3　法第66条の8の3の厚生労働省令で定める方法は，タイムカードによる記録，パーソナルコンピュータ等の電子計算機の使用時間の記録等の客観的な方法その他の適切な方法とする。

2　事業者は，前項に規定する方法により把握した労働時間の状況の記録を作成し，3年間保存するための必要な措置を講じなければならない。

（法第66条の8の4第1項の厚生労働省令で定める時間等）
第52条の7の4　法第66条の8の4第1項の厚生労働省令で定める時間は，1週間当たり
　　の健康管理時間（労働基準法（昭和22年法律第49号）第41条の2第1項第3号に規定す
　　る健康管理時間をいう。）が40時間を超えた場合におけるその超えた時間について，
　　1月当たり100時間とする。
2　第52条の2第2項，第52条の3第1項及び第52条の4から第52条の7までの規定は，法
　　第66条の8の4第1項に規定する面接指導について準用する。この場合において，第52
　　条の2第2項中「前項」とあるのは「第52条の7の4第1項」と，第52条の3第1項中「前
　　条第1項の要件に該当する労働者の申出により」とあるのは「前条第2項の期日後，
　　遅滞なく，」と，第52条の4中「前条第1項の申出を行つた労働者」とあるのは「労働
　　者」と読み替えるものとする。

（法第66条の9の必要な措置の実施）
第52条の8　法第66条の9の必要な措置は，法第66条の8の面接指導の実施又は法第66
　　条の8の面接指導に準ずる措置（第3項に該当する者にあつては，法第66条の8の4第1
　　項に規定する面接指導の実施）とする。
2　労働基準法第41条の2第1項の規定により労働する労働者以外の労働者に対して行
　　う法第66条の9の必要な措置は，事業場において定められた当該必要な措置の実施に
　　関する基準に該当する者に対して行うものとする。
3　労働基準法第41条の2第1項の規定により労働する労働者に対して行う法第66条の9
　　の必要な措置は，当該労働者の申出により行うものとする。

　　　　第1節の4　心理的な負担の程度を把握するための検査等

（心理的な負担の程度を把握するための検査の実施方法）
第52条の9　事業者は，常時使用する労働者に対し，1年以内ごとに1回，定期に，次
　　に掲げる事項について法第66条の10第1項に規定する心理的な負担の程度を把握する
　　ための検査（以下この節において「検査」という。）を行わなければならない。
　　一　職場における当該労働者の心理的な負担の原因に関する項目
　　二　当該労働者の心理的な負担による心身の自覚症状に関する項目
　　三　職場における他の労働者による当該労働者への支援に関する項目

（検査の実施者等）
第52条の10　法第66条の10第1項の厚生労働省令で定める者は，次に掲げる者（以下
　　この節において「医師等」という。）とする。
　　一　医師
　　二　保健師
　　三　検査を行うために必要な知識についての研修であつて厚生労働大臣が定めるも
　　　のを修了した歯科医師，看護師，精神保健福祉士又は公認心理師

2　検査を受ける労働者について解雇，昇進又は異動に関して直接の権限を持つ監督
　的地位にある者は，検査の実施の事務に従事してはならない。

（検査結果等の記録の作成等）
第52条の11　事業者は，第52条の13第2項に規定する場合を除き，検査を行つた医師
　等による当該検査の結果の記録の作成の事務及び当該検査の実施の事務に従事した
　者による当該記録の保存の事務が適切に行われるよう，必要な措置を講じなければ
　ならない。

（検査結果の通知）
第52条の12　事業者は，検査を受けた労働者に対し，当該検査を行つた医師等から，
　遅滞なく，当該検査の結果が通知されるようにしなければならない。

（労働者の同意の取得等）
第52条の13　法第66条の10第2項後段の規定による労働者の同意の取得は，書面又は
　電磁的記録（電子的方式，磁気的方式その他人の知覚によつては認識することがで
　きない方式で作られる記録であつて，電子計算機による情報処理の用に供されるも
　のをいう。以下同じ。）によらなければならない。
2　事業者は，前項の規定により検査を受けた労働者の同意を得て，当該検査を行つ
　た医師等から当該労働者の検査の結果の提供を受けた場合には，当該検査の結果に
　基づき，当該検査の結果の記録を作成して，これを5年間保存しなければならない。

（検査結果の集団ごとの分析等）
第52条の14　事業者は，検査を行つた場合は，当該検査を行つた医師等に，当該検査
　の結果を当該事業場の当該部署に所属する労働者の集団その他の一定規模の集団ご
　とに集計させ，その結果について分析させるよう努めなければならない。
2　事業者は，前項の分析の結果を勘案し，その必要があると認めるときは，当該集
　団の労働者の実情を考慮して，当該集団の労働者の心理的な負担を軽減するための
　適切な措置を講ずるよう努めなければならない。

（面接指導の対象となる労働者の要件）
第52条の15　法第66条の10第3項の厚生労働省令で定める要件は，検査の結果，心理
　的な負担の程度が高い者であつて，同項に規定する面接指導（以下この節において
　「面接指導」という。）を受ける必要があると当該検査を行つた医師等が認めたもの
　であることとする。

（面接指導の実施方法等）
第52条の16　法第66条の10第3項の規定による申出（以下この条及び次条において
　「申出」という。）は，前条の要件に該当する労働者が検査の結果の通知を受けた後，
　遅滞なく行うものとする。

2　事業者は，前条の要件に該当する労働者から申出があつたときは，遅滞なく，面接指導を行わなければならない。

3　検査を行つた医師等は，前条の要件に該当する労働者に対して，申出を行うよう勧奨することができる。

（面接指導における確認事項）

第52条の17　医師は，面接指導を行うに当たつては，申出を行つた労働者に対し，第52条の9各号に掲げる事項のほか，次に掲げる事項について確認を行うものとする。

　　一　当該労働者の勤務の状況

　　二　当該労働者の心理的な負担の状況

　　三　前号に掲げるもののほか，当該労働者の心身の状況

（面接指導結果の記録の作成）

第52条の18　事業者は，面接指導の結果に基づき，当該面接指導の結果の記録を作成して，これを5年間保存しなければならない。

2　前項の記録は，前条各号に掲げる事項のほか，次に掲げる事項を記載したものでなければならない。

　　一　実施年月日

　　二　当該労働者の氏名

　　三　面接指導を行つた医師の氏名

　　四　法第66条の10第5項の規定による医師の意見

（面接指導の結果についての医師からの意見聴取）

第52条の19　面接指導の結果に基づく法第66条の10第5項の規定による医師からの意見聴取は，面接指導が行われた後，遅滞なく行わなければならない。

（指針の公表）

第52条の20　第24条の規定は，法第66条の10第7項の規定による指針の公表について準用する。

（検査及び面接指導結果の報告）

第52条の21　常時50人以上の労働者を使用する事業者は，1年以内ごとに1回，定期に，心理的な負担の程度を把握するための検査結果等報告書（様式第6号の2）を所轄労働基準監督署長に提出しなければならない。

労働者の心の健康の保持増進のための指針

平成18年３月31日健康保持増進のための指針公示第３号
改正平成27年11月30日健康保持増進のための指針公示第６号

1　趣旨

　労働者の受けるストレスは拡大する傾向にあり，仕事に関して強い不安やストレスを感じている労働者が半数を超える状況にある。また，精神障害等に係る労災補償状況をみると，請求件数，認定件数とも近年，増加傾向にある。このような中で，心の健康問題が労働者，その家族，事業場及び社会に与える影響は，今日，ますます大きくなっている。事業場において，より積極的に心の健康の保持増進を図ることは，労働者とその家族の幸せを確保するとともに，我が国社会の健全な発展という観点からも，非常に重要な課題となっている。

　本指針は，労働安全衛生法（昭和47年法律第57号）第70条の２第１項の規定に基づき，同法第69条第１項の措置の適切かつ有効な実施を図るための指針として，事業場において事業者が講ずる労働者の心の健康の保持増進のための措置（以下「メンタルヘルスケア」という。）が適切かつ有効に実施されるよう，メンタルヘルスケアの原則的な実施方法について定めるものである。

　事業者は，本指針に基づき，各事業場の実態に即した形で，ストレスチェック制度を含めたメンタルヘルスケアの実施に積極的に取り組むことが望ましい。

2　メンタルヘルスケアの基本的考え方

　ストレスの原因となる要因（以下「ストレス要因」という。）は，仕事，職業生活，家庭，地域等に存在している。心の健康づくりは，労働者自身が，ストレスに気づき，これに対処すること（セルフケア）の必要性を認識することが重要である。

　しかし，職場に存在するストレス要因は，労働者自身の力だけでは取り除くことができないものもあることから，労働者の心の健康づくりを推進していくためには，職場環境の改善も含め，事業者によるメンタルヘルスケアの積極的推進が重要であり，労働の場における組織的かつ計画的な対策の実施は，大きな役割を果たすものである。

　このため，事業者は，以下に定めるところにより，自らがストレスチェック制度を含めた事業場におけるメンタルヘルスケアを積極的に推進することを表明するとともに，衛生委員会又は安全衛生委員会（以下「衛生委員会等」という。）において十分調査審議を行い，メンタルヘルスケアに関する事業場の現状とその問題点を明確にし，その問題点を解決する具体的な実施事項等についての基本的な計画（以下「心の健康づくり計画」という。）を策定・実施するとともに，ストレスチェック制度の実施方法等に関する規程を策定し，制度の円滑な実施を図る必要がある。また，心の健康づくり計画の実施に当たっては，ストレスチェック制度の活用や職場環境等の改善を通じて，メンタルヘルス不調を未然に防止する「一次予防」，メンタルヘルス不調を早期に発見し，適切な措置を行う「二次予防」及びメンタルヘルス不調

となった労働者の職場復帰を支援等を行う「三次予防」が円滑に行われるようにする必要がある。これらの取組においては，教育研修，情報提供及び「セルフケア」，「ラインによるケア」，「事業場内産業保健スタッフ等によるケア」並びに「事業場外資源によるケア」の４つのメンタルヘルスケアが継続的かつ計画的に行われるようにすることが重要である。

さらに，事業者は，メンタルヘルスケアを推進するに当たって，次の事項に留意することが重要である。

① 心の健康問題の特性

心の健康については，客観的な測定方法が十分確立しておらず，その評価には労働者本人から心身の状況に関する情報を取得する必要があり，さらに，心の健康問題の発生過程には個人差が大きく，そのプロセスの把握が難しい。また，心の健康は，すべての労働者に関わることであり，すべての労働者が心の問題を抱える可能性があるにもかかわらず，心の健康問題を抱える労働者に対して，健康問題以外の観点から評価が行われる傾向が強いという問題や，心の健康問題自体についての誤解や偏見等解決すべき問題が存在している。

② 労働者の個人情報の保護への配慮

メンタルヘルスケアを進めるに当たっては，健康情報を含む労働者の個人情報の保護及び労働者の意思の尊重に留意することが重要である。心の健康に関する情報の収集及び利用に当たっての，労働者の個人情報の保護への配慮は，労働者が安心してメンタルヘルスケアに参加できること，ひいてはメンタルヘルスケアがより効果的に推進されるための条件である。

③ 人事労務管理との関係

労働者の心の健康は，職場配置，人事異動，職場の組織等の人事労務管理と密接に関係する要因によって，大きな影響を受ける。メンタルヘルスケアは，人事労務管理と連携しなければ，適切に進まない場合が多い。

④ 家庭・個人生活等の職場以外の問題

心の健康問題は，職場のストレス要因のみならず家庭・個人生活等の職場外のストレス要因の影響を受けている場合も多い。また，個人の要因等も心の健康問題に影響を与え，これらは複雑に関係し，相互に影響し合う場合が多い。

3　衛生委員会等における調査審議

メンタルヘルスケアの推進に当たっては，事業者が労働者等の意見を聴きつつ事業場の実態に即した取組を行うことが必要である。また，心の健康問題に適切に対処するためには，産業医等の助言を求めることも必要である。このためにも，労使，産業医，衛生管理者等で構成される衛生委員会等を活用することが効果的である。労働安全衛生規則（昭和47年労働省令第32号）第22条において，衛生委員会の付議事項として「労働者の精神的健康の保持増進を図るための対策の樹立に関すること」が規定されており，４に掲げる心の健康づくり計画の策定はもとより，その実施体制の整備等の具体的な実施方策や個人情報の保護に関する規程等の策定等に当たっては，衛生委員会等において十分調査審議を行うことが必要である。

また，ストレスチェック制度に関しては，心理的な負担の程度を把握するための検査及び面接指導の実施並びに面接指導結果に基づき事業者が講ずべき措置に関する指針（平成27年４月15日心理的な負担の程度を把握するための検査等指針公示第１号。以下「ストレスチェック指針」という。）により，衛生委員会等においてストレスチェックの実施方法等について調査審議を行い，その結果を踏まえてストレスチェック制度の実施に関する規程を定めることとされていることから，ストレスチェック制度に関する調査審議とメンタルヘルスケアに関する調査審議を関連付けて行うことが望ましい。

　なお，衛生委員会等の設置義務のない小規模事業場においても，４に掲げる心の健康づくり計画及びストレスチェック制度の実施に関する規程の策定並びにこれらの実施に当たっては，労働者の意見が反映されるようにすることが必要である。

4　心の健康づくり計画

　メンタルヘルスケアは，中長期的視点に立って，継続的かつ計画的に行われるようにすることが重要であり，また，その推進に当たっては，事業者が労働者の意見を聴きつつ事業場の実態に即した取組を行うことが必要である。このため，事業者は，３に掲げるとおり衛生委員会等において十分調査審議を行い，心の健康づくり計画を策定することが必要である。心の健康づくり計画は，各事業場における労働安全衛生に関する計画の中に位置付けることが望ましい。

　メンタルヘルスケアを効果的に推進するためには，心の健康づくり計画の中で，事業者自らが事業場におけるメンタルヘルスケアを積極的に推進することを表明するとともに，その実施体制を確立する必要がある。心の健康づくり計画の実施においては，実施状況等を適切に評価し，評価結果に基づき必要な改善を行うことにより，メンタルヘルスケアの一層の充実・向上に努めることが望ましい。心の健康づくり計画で定めるべき事項は次に掲げるとおりである。

① 事業者がメンタルヘルスケアを積極的に推進する旨の表明に関すること。
② 事業場における心の健康づくりの体制の整備に関すること。
③ 事業場における問題点の把握及びメンタルヘルスケアの実施に関すること。
④ メンタルヘルスケアを行うために必要な人材の確保及び事業場外資源の活用に関すること。
⑤ 労働者の健康情報の保護に関すること。
⑥ 心の健康づくり計画の実施状況の評価及び計画の見直しに関すること。
⑦ その他労働者の心の健康づくりに必要な措置に関すること。

　なお，ストレスチェック制度は，各事業場の実情に即して実施されるメンタルヘルスケアに関する一次予防から三次予防までの総合的な取組の中に位置付けることが重要であることから，心の健康づくり計画において，その位置付けを明確にすることが望ましい。また，ストレスチェック制度の実施に関する規程の策定を心の健康づくり計画の一部として行っても差し支えない。

5　4つのメンタルヘルスケアの推進

　　メンタルヘルスケアは，労働者自身がストレスや心の健康について理解し，自らのストレスを予防，軽減するあるいはこれに対処する「セルフケア」，労働者と日常的に接する管理監督者が，心の健康に関して職場環境等の改善や労働者に対する相談対応を行う「ラインによるケア」，事業場内の産業医等事業場内産業保健スタッフ等が，事業場の心の健康づくり対策の提言を行うとともに，その推進を担い，また，労働者及び管理監督者を支援する「事業場内産業保健スタッフ等によるケア」及び事業場外の機関及び専門家を活用し，その支援を受ける「事業場外資源によるケア」の4つのケアが継続的かつ計画的に行われることが重要である。

(1)　セルフケア

　　心の健康づくりを推進するためには，労働者自身がストレスに気づき，これに対処するための知識，方法を身につけ，それを実施することが重要である。ストレスに気づくためには，労働者がストレス要因に対するストレス反応や心の健康について理解するとともに，自らのストレスや心の健康状態について正しく認識できるようにする必要がある。

　　このため，事業者は，労働者に対して，6(1)アに掲げるセルフケアに関する教育研修，情報提供を行い，心の健康に関する理解の普及を図るものとする。また，6(3)に掲げるところにより相談体制の整備を図り，労働者自身が管理監督者や事業場内産業保健スタッフ等に自発的に相談しやすい環境を整えるものとする。

　　また，ストレスへの気付きを促すためには，ストレスチェック制度によるストレスチェックの実施が重要であり，特別の理由がない限り，すべての労働者がストレスチェックを受けることが望ましい。

　　さらに，ストレスへの気付きのためには，ストレスチェックとは別に，随時，セルフチェックを行う機会を提供することも効果的である。

　　また，管理監督者にとってもセルフケアは重要であり，事業者は，セルフケアの対象者として管理監督者も含めるものとする。

(2)　ラインによるケア

　　管理監督者は，部下である労働者の状況を日常的に把握しており，また，個々の職場における具体的なストレス要因を把握し，その改善を図ることができる立場にあることから，6(2)に掲げる職場環境等の把握と改善，6(3)に掲げる労働者からの相談対応を行うことが必要である。

　　このため，事業者は，管理監督者に対して，6(1)イに掲げるラインによるケアに関する教育研修，情報提供を行うものとする。

　　なお，業務を一時的なプロジェクト体制で実施する等，通常のラインによるケアが困難な業務形態にある場合には，実務において指揮命令系統の上位にいる者等によりケアが行われる体制を整えるなど，ラインによるケアと同等のケアが確実に実施されるようにするものとする。

(3) 事業場内産業保健スタッフ等によるケア

　事業場内産業保健スタッフ等は，セルフケア及びラインによるケアが効果的に実施されるよう，労働者及び管理監督者に対する支援を行うとともに，心の健康づくり計画に基づく具体的なメンタルヘルスケアの実施に関する企画立案，メンタルヘルスに関する個人の健康情報の取扱い，事業場外資源とのネットワークの形成やその窓口となること等，心の健康づくり計画の実施に当たり，中心的な役割を果たすものである。

　このため，事業者は，事業場内産業保健スタッフ等によるケアに関して，次の措置を講じるものとする。

① 6(1)ウに掲げる職務に応じた専門的な事項を含む教育研修，知識修得等の機会の提供を図ること。

② メンタルヘルスケアに関する方針を明示し，実施すべき事項を委嘱又は指示すること。

③ 6(3)に掲げる事業場内産業保健スタッフ等が，労働者の自発的相談やストレスチェック結果の通知を受けた労働者からの相談等を受けることができる制度及び体制を，それぞれの事業場内の実態に応じて整えること。

④ 産業医等の助言，指導等を得ながら事業場のメンタルヘルスケアの推進の実務を担当する事業場内メンタルヘルス推進担当者を，事業場内産業保健スタッフ等の中から選任するよう努めること。事業場内メンタルヘルス推進担当者としては，衛生管理者等や常勤の保健師等から選任することが望ましいこと。ただし，事業場内メンタルヘルス推進担当者は，労働者のメンタルヘルスに関する個人情報を取り扱うことから，労働者について解雇，昇進又は異動に関して直接の権限を持つ監督的地位にある者（以下「人事権を有する者」という。）を選任することは適当でないこと。

　なお，ストレスチェック制度においては，労働安全衛生規則第52条の10第2項により，ストレスチェックを受ける労働者について人事権を有する者は，ストレスチェックの実施の事務に従事してはならないこととされていることに留意すること。

⑤ 一定規模以上の事業場にあっては，事業場内に又は企業内に，心の健康づくり専門スタッフや保健師等を確保し，活用することが望ましいこと。

　なお，事業者は心の健康問題を有する労働者に対する就業上の配慮について，事業場内産業保健スタッフ等に意見を求め，また，これを尊重するものとする。

　メンタルヘルスケアに関するそれぞれの事業場内産業保健スタッフ等の役割は，主として以下のとおりである。なお，以下に掲げるもののほか，ストレスチェック制度における事業場内産業保健スタッフ等の役割については，ストレスチェック指針によることとする。

ア　産業医等

　産業医等は，労働者の健康管理等を職務として担う者であるという面から，事業場の心の健康づくり計画の策定に助言，指導等を行い，これに基づく対策の実施状況を把握する。また，専門的な立場から，セルフケア及びラインによ

るケアを支援し，教育研修の企画及び実施，情報の収集及び提供，助言及び指導等を行う。就業上の配慮が必要な場合には，事業者に必要な意見を述べる。専門的な相談・対応が必要な事例については，事業場外資源との連絡調整に，専門的な立場から関わる。

さらに，ストレスチェック制度及び長時間労働者等に対する面接指導等の実施並びにメンタルヘルスに関する個人の健康情報の保護についても中心的役割を果たすことが望ましい。

イ　衛生管理者等

衛生管理者等は，心の健康づくり計画に基づき，産業医等の助言，指導等を踏まえて，具体的な教育研修の企画及び実施，職場環境等の評価と改善，心の健康に関する相談ができる雰囲気や体制づくりを行う。またセルフケア及びラインによるケアを支援し，その実施状況を把握するとともに，産業医等と連携しながら事業場外資源との連絡調整に当たることが効果的である。

ウ　保健師等

衛生管理者以外の保健師等は，産業医等及び衛生管理者等と協力しながら，セルフケア及びラインによるケアを支援し，教育研修の企画・実施，職場環境等の評価と改善，労働者及び管理監督者からの相談対応，保健指導等に当たる。

エ　心の健康づくり専門スタッフ

事業場内に心の健康づくり専門スタッフがいる場合には，事業場内産業保健スタッフと協力しながら，教育研修の企画・実施，職場環境等の評価と改善，労働者及び管理監督者からの専門的な相談対応等に当たるとともに，当該スタッフの専門によっては，事業者への専門的立場からの助言等を行うことも有効である。

オ　人事労務管理スタッフ

人事労務管理スタッフは，管理監督者だけでは解決できない職場配置，人事異動，職場の組織等の人事労務管理が心の健康に及ぼしている具体的な影響を把握し，労働時間等の労働条件の改善及び適正配置に配慮する。

(4)　事業場外資源によるケア

メンタルヘルスケアを行う上では，事業場が抱える問題や求めるサービスに応じて，メンタルヘルスケアに関し専門的な知識を有する各種の事業場外資源の支援を活用することが有効である。また，労働者が事業場内での相談等を望まないような場合にも，事業場外資源を活用することが効果的である。ただし，事業場外資源を活用する場合は，メンタルヘルスケアに関するサービスが適切に実施できる体制や，情報管理が適切に行われる体制が整備されているか等について，事前に確認することが望ましい。

また，事業場外資源の活用にあたっては，これに依存することにより事業者がメンタルヘルスケアの推進について主体性を失わないよう留意すべきである。このため，事業者は，メンタルヘルスケアに関する専門的な知識，情報等が必要な場合は，事業場内産業保健スタッフ等が窓口となって，適切な事業場外資源から

必要な情報提供や助言を受けるなど円滑な連携を図るよう努めるものとする。また，必要に応じて労働者を速やかに事業場外の医療機関及び地域保健機関に紹介するためのネットワークを日頃から形成しておくものとする。

特に，小規模事業場においては，8に掲げるとおり，必要に応じて産業保健総合支援センターの地域窓口（地域産業保健センター）等の事業場外資源を活用することが有効である。

6　メンタルヘルスケアの具体的進め方

メンタルヘルスケアは，5に掲げる4つのケアを継続的かつ計画的に実施することが基本であるが，具体的な推進に当たっては，事業場内の関係者が相互に連携し，以下の取組を積極的に推進することが効果的である。

(1)　メンタルヘルスケアを推進するための教育研修・情報提供

事業者は，4つのケアが適切に実施されるよう，以下に掲げるところにより，それぞれの職務に応じ，メンタルヘルスケアの推進に関する教育研修・情報提供を行うよう努めるものとする。この際には，必要に応じて事業場外資源が実施する研修等への参加についても配慮するものとする。

なお，労働者や管理監督者に対する教育研修を円滑に実施するため，事業場内に教育研修担当者を計画的に育成することも有効である。

ア　労働者への教育研修・情報提供

事業者は，セルフケアを促進するため，管理監督者を含む全ての労働者に対して，次に掲げる項目等を内容とする教育研修，情報提供を行うものとする。

① メンタルヘルスケアに関する事業場の方針
② ストレス及びメンタルヘルスケアに関する基礎知識
③ セルフケアの重要性及び心の健康問題に対する正しい態度
④ ストレスへの気づき方
⑤ ストレスの予防，軽減及びストレスへの対処の方法
⑥ 自発的な相談の有用性
⑦ 事業場内の相談先及び事業場外資源に関する情報

イ　管理監督者への教育研修・情報提供

事業者は，ラインによるケアを促進するため，管理監督者に対して，次に掲げる項目等を内容とする教育研修，情報提供を行うものとする。

① メンタルヘルスケアに関する事業場の方針
② 職場でメンタルヘルスケアを行う意義
③ ストレス及びメンタルヘルスケアに関する基礎知識
④ 管理監督者の役割及び心の健康問題に対する正しい態度
⑤ 職場環境等の評価及び改善の方法
⑥ 労働者からの相談対応（話の聴き方，情報提供及び助言の方法等）
⑦ 心の健康問題により休業した者の職場復帰への支援の方法
⑧ 事業場内産業保健スタッフ等との連携及びこれを通じた事業場外資源と

　　　　の連携の方法
　　⑨　セルフケアの方法
　　⑩　事業場内の相談先及び事業場外資源に関する情報
　　⑪　健康情報を含む労働者の個人情報の保護等
　ウ　事業場内産業保健スタッフ等への教育研修・情報提供
　　　事業者は，事業場内産業保健スタッフ等によるケアを促進するため，事業場内産業保健スタッフ等に対して，次に掲げる項目等を内容とする教育研修，情報提供を行うものとする。
　　　また，産業医，衛生管理者，事業場内メンタルヘルス推進担当者，保健師等，各事業場内産業保健スタッフ等の職務に応じて専門的な事項を含む教育研修，知識修得等の機会の提供を図るものとする。
　　①　メンタルヘルスケアに関する事業場の方針
　　②　職場でメンタルヘルスケアを行う意義
　　③　ストレス及びメンタルヘルスケアに関する基礎知識
　　④　事業場内産業保健スタッフ等の役割及び心の健康問題に対する正しい態度
　　⑤　職場環境等の評価及び改善の方法
　　⑥　労働者からの相談対応（話の聴き方，情報提供及び助言の方法等）
　　⑦　職場復帰及び職場適応の支援，指導の方法
　　⑧　事業場外資源との連携（ネットワークの形成）の方法
　　⑨　教育研修の方法
　　⑩　事業場外資源の紹介及び利用勧奨の方法
　　⑪　事業場の心の健康づくり計画及び体制づくりの方法
　　⑫　セルフケアの方法
　　⑬　ラインによるケアの方法
　　⑭　事業場内の相談先及び事業場外資源に関する情報
　　⑮　健康情報を含む労働者の個人情報の保護等

(2)　職場環境等の把握と改善
　　　労働者の心の健康には，作業環境，作業方法，労働者の心身の疲労の回復を図るための施設及び設備等，職場生活で必要となる施設及び設備等，労働時間，仕事の量と質，パワーハラスメントやセクシュアルハラスメント等職場内のハラスメントを含む職場の人間関係，職場の組織及び人事労務管理体制，職場の文化や風土等の職場環境等が影響を与えるものであり，職場レイアウト，作業方法，コミュニケーション，職場組織の改善などを通じた職場環境等の改善は，労働者の心の健康の保持増進に効果的であるとされている。このため，事業者は，メンタルヘルス不調の未然防止を図る観点から職場環境等の改善に積極的に取り組むものとする。また，事業者は，衛生委員会等における調査審議や策定した心の健康づくり計画を踏まえ，管理監督者や事業場内産業保健スタッフ等に対し，職場環境等の把握と改善の活動を行いやすい環境を整備するなどの支援を行うものとする。

ア　職場環境等の評価と問題点の把握

　　職場環境等を改善するためには，まず，職場環境等を評価し，問題点を把握することが必要である。

　　このため，事業者は，管理監督者による日常の職場管理や労働者からの意見聴取の結果を通じ，また，ストレスチェック結果の集団ごとの分析の結果や面接指導の結果等を活用して，職場環境等の具体的問題点を把握するものとする。

　　事業場内産業保健スタッフ等は，職場環境等の評価と問題点の把握において中心的役割を果たすものであり，職場巡視による観察，労働者及び管理監督者からの聞き取り調査，産業医，保健師等によるストレスチェック結果の集団ごとの分析の実施又は集団ごとの分析結果を事業場外資源から入手する等により，定期的又は必要に応じて，職場内のストレス要因を把握し，評価するものとする。

イ　職場環境等の改善

　　事業者は，アにより職場環境等を評価し，問題点を把握した上で，職場環境のみならず勤務形態や職場組織の見直し等の様々な観点から職場環境等の改善を行うものとする。具体的には，事業場内産業保健スタッフ等は，職場環境等の評価結果に基づき，管理監督者に対してその改善を助言するとともに，管理監督者と協力しながらその改善を図り，また，管理監督者は，労働者の労働の状況を日常的に把握し，個々の労働者に過度な長時間労働，疲労，ストレス，責任等が生じないようにする等，労働者の能力，適性及び職務内容に合わせた配慮を行うことが重要である。

　　また，事業者は，その改善の効果を定期的に評価し，効果が不十分な場合には取組方法を見直す等，対策がより効果的なものになるように継続的な取組に努めるものとする。これらの改善を行う際には，必要に応じて，事業場外資源の助言及び支援を求めることが望ましい。

　　なお，職場環境等の改善に当たっては，労働者の意見を踏まえる必要があり，労働者が参加して行う職場環境等の改善手法等を活用することも有効である。

(3)　メンタルヘルス不調への気付きと対応

　　メンタルヘルスケアにおいては，ストレス要因の除去又は軽減や労働者のストレス対処などの予防策が重要であるが，これらの措置を実施したにもかかわらず，万一，メンタルヘルス不調に陥る労働者が発生した場合は，その早期発見と適切な対応を図る必要がある。

　　このため，事業者は，個人情報の保護に十分留意しつつ，労働者，管理監督者，家族等からの相談に対して適切に対応できる体制を整備するものとする。さらに，相談等により把握した情報を基に，労働者に対して必要な配慮を行うこと，必要に応じて産業医や事業場外の医療機関につないでいくことができるネットワークを整備するよう努めるものとする。

ア　労働者による自発的な相談とセルフチェック

　　事業者は，労働者によるメンタルヘルス不調への気付きを促進するため，事

業場の実態に応じて，その内部に相談に応ずる体制を整備する，事業場外の相談機関の活用を図る等，労働者が自ら相談を行えるよう必要な環境整備を行うものとする。

この相談体制については，ストレスチェック結果の通知を受けた労働者に対して，相談の窓口を広げ，相談しやすい環境を作るために重要であること。また，5(1)に掲げたとおり，ストレスへの気付きのために，随時，セルフチェックを行うことができる機会を提供することも効果的である。

イ　管理監督者，事業場内産業保健スタッフ等による相談対応等

管理監督者は，日常的に，労働者からの自発的な相談に対応するよう努める必要がある。特に，長時間労働等により疲労の蓄積が認められる労働者，強度の心理的負荷を伴う出来事を経験した労働者，その他特に個別の配慮が必要と思われる労働者から，話を聞き，適切な情報を提供し，必要に応じ事業場内産業保健スタッフ等や事業場外資源への相談や受診を促すよう努めるものとする。

事業場内産業保健スタッフ等は，管理監督者と協力し，労働者の気付きを促して，保健指導，健康相談等を行うとともに，相談等により把握した情報を基に，必要に応じて事業場外の医療機関への相談や受診を促すものとする。また，事業場内産業保健スタッフ等は，管理監督者に対する相談対応，メンタルヘルスケアについても留意する必要がある。

なお，心身両面にわたる健康保持増進対策（THP）を推進している事業場においては，心理相談を通じて，心の健康に対する労働者の気づきと対処を支援することが重要である。また，運動指導，保健指導等のTHPにおけるその他の指導においても，積極的にストレスや心の健康問題を取り上げることが効果的である。

ウ　労働者個人のメンタルヘルス不調を把握する際の留意点

事業場内産業保健スタッフ等が労働者個人のメンタルヘルス不調等の労働者の心の健康に関する情報を把握した場合には，本人に対してその結果を提供するとともに，本人の同意を得て，事業者に対して把握した情報のうち就業上の措置に必要な情報を提供することが重要であり，事業者は提供を受けた情報に基づいて必要な配慮を行うことが重要である。ただし，事業者がストレスチェック結果を含む労働者の心の健康に関する情報を入手する場合には，労働者本人の同意を得ることが必要であり，また，事業者は，その情報を，労働者に対する健康確保上の配慮を行う以外の目的で使用してはならない。

さらに，労働安全衛生法に基づく健康診断，ストレスチェック制度における医師による面接指導及び一定時間を超える長時間労働を行った労働者に対する医師による面接指導等により，労働者のメンタルヘルス不調が認められた場合における，事業場内産業保健スタッフ等のとるべき対応についてあらかじめ明確にしておくことが必要である。

エ　労働者の家族による気づきや支援の促進

労働者に日常的に接している家族は，労働者がメンタルヘルス不調に陥った際に最初に気づくことが少なくない。また，治療勧奨，休業中，職場復帰時及

び職場復帰後のサポートなど，メンタルヘルスケアに大きな役割を果たす。

　このため，事業者は，労働者の家族に対して，ストレスやメンタルヘルスケアに関する基礎知識，事業場のメンタルヘルス相談窓口等の情報を社内報や健康保険組合の広報誌等を通じて提供することが望ましい。また，事業者は，事業場に対して家族から労働者に関する相談があった際には，事業場内産業保健スタッフ等が窓口となって対応する体制を整備するとともに，これを労働者やその家族に周知することが望ましい。

(4) 職場復帰における支援

　メンタルヘルス不調により休業した労働者が円滑に職場復帰し，就業を継続できるようにするため，事業者は，その労働者に対する支援として，次に掲げる事項を適切に行うものとする。

① 衛生委員会等において調査審議し，産業医等の助言を受けながら職場復帰支援プログラムを策定すること。職場復帰支援プログラムにおいては，休業の開始から通常業務への復帰に至るまでの一連の標準的な流れを明らかにするとともに，それに対応する職場復帰支援の手順，内容及び関係者の役割等について定めること。

② 職場復帰支援プログラムの実施に関する体制や規程の整備を行い，労働者に周知を図ること。

③ 職場復帰支援プログラムの実施について，組織的かつ計画的に取り組むこと。

④ 労働者の個人情報の保護に十分留意しながら，事業場内産業保健スタッフ等を中心に労働者，管理監督者がお互いに十分な理解と協力を行うとともに，労働者の主治医との連携を図りつつ取り組むこと。

　なお，職場復帰支援における専門的な助言や指導を必要とする場合には，それぞれの役割に応じた事業場外資源を活用することも有効である。

7　メンタルヘルスに関する個人情報の保護への配慮

　メンタルヘルスケアを進めるに当たっては，健康情報を含む労働者の個人情報の保護に配慮することが極めて重要である。メンタルヘルスに関する労働者の個人情報は，健康情報を含むものであり，その取得，保管，利用等において特に適切に保護しなければならないが，その一方で，メンタルヘルス不調の労働者への対応に当たっては，労働者の上司や同僚の理解と協力のため，当該情報を適切に活用することが必要となる場合もある。

　健康情報を含む労働者の個人情報の保護に関しては，個人情報の保護に関する法律（平成15年法律第57号）及び関連する指針等が定められており，個人情報を事業の用に供する個人情報取扱事業者に対して，個人情報の利用目的の公表や通知，目的外の取扱いの制限，安全管理措置，第三者提供の制限などを義務づけている。また，個人情報取扱事業者以外の事業者であって健康情報を取り扱う者は，健康情報が特に適正な取扱いの厳格な実施を確保すべきものであることに十分留意し，その

適正な取扱いの確保に努めることとされている。さらに，ストレスチェック制度における健康情報の取扱いについては，ストレスチェック指針において，事業者は労働者の健康情報を適切に保護することが求められている。事業者は，これらの法令等を遵守し，労働者の健康情報の適正な取扱いを図るものとする。

⑴　労働者の同意

　　メンタルヘルスケアを推進するに当たって，労働者の個人情報を主治医等の医療職や家族から取得する際には，事業者はあらかじめこれらの情報を取得する目的を労働者に明らかにして承諾を得るとともに，これらの情報は労働者本人から提出を受けることが望ましい。

　　また，健康情報を含む労働者の個人情報を医療機関等の第三者へ提供する場合も，原則として本人の同意が必要である。ただし，労働者の生命や健康の保護のために緊急かつ重要であると判断される場合は，本人の同意を得ることに努めたうえで，必要な範囲で積極的に利用すべき場合もあることに留意が必要である。その際，産業医等を選任している事業場においては，その判断について相談することが適当である。

　　なお，これらの個人情報の取得又は提供の際には，なるべく本人を介して行うことが望ましく，その際には，個別に同意を得る必要がある。

　　また，ストレスチェック制度によるストレスチェックを実施した場合，医師，保健師等のストレスチェックの実施者は，労働者の同意がない限り，その結果を事業者に提供してはならない。

⑵　事業場内産業保健スタッフによる情報の加工

　　事業場内産業保健スタッフは，労働者本人や管理監督者からの相談対応の際などメンタルヘルスに関する労働者の個人情報が集まることとなるため，次に掲げるところにより，個人情報の取扱いについて特に留意する必要がある。

　　①　産業医等が，相談窓口や面接指導等により知り得た健康情報を含む労働者の個人情報を事業者に提供する場合には，提供する情報の範囲と提供先を健康管理や就業上の措置に必要な最小限のものとすること。

　　②　産業医等は，当該労働者の健康を確保するための就業上の措置を実施するために必要な情報が的確に伝達されるように，集約・整理・解釈するなど適切に加工した上で提供するものとし，診断名，検査値，具体的な愁訴の内容等の加工前の情報又は詳細な医学的情報は提供してはならないこと。

⑶　健康情報の取扱いに関する事業場内における取り決め

　　健康情報の保護に関して，医師や保健師等については，法令で守秘義務が課されており，また，労働安全衛生法では，健康診断，長時間労働者に対する面接指導又はストレスチェック及びその結果に基づく面接指導の実施に関する事務を取り扱う者に対する守秘義務を課している。しかしながら，メンタルヘルスケアの実施においては，これら法令で守秘義務が課される者以外の者が法令に基づく取

組以外の機会に健康情報を含む労働者の個人情報を取り扱うこともあることから，事業者は，衛生委員会等での審議を踏まえ，これらの個人情報を取り扱う者及びその権限，取り扱う情報の範囲，個人情報管理責任者の選任，個人情報を取り扱う者の守秘義務等について，あらかじめ事業場内の規程等により取り決めることが望ましい。

さらに，事業者は，これら個人情報を取り扱うすべての者を対象に当該規程等を周知するとともに，健康情報を慎重に取り扱うことの重要性や望ましい取扱い方法についての教育を実施することが望ましい。

8　心の健康に関する情報を理由とした不利益な取扱いの防止
（1）事業者による労働者に対する不利益取扱いの防止

事業者が，メンタルヘルスケア等を通じて労働者の心の健康に関する情報を把握した場合において，その情報は当該労働者の健康確保に必要な範囲で利用されるべきものであり，事業者が，当該労働者の健康の確保に必要な範囲を超えて，当該労働者に対して不利益な取扱いを行うことはあってはならない。

このため，労働者の心の健康に関する情報を理由として，以下に掲げる不利益な取扱いを行うことは，一般的に合理的なものとはいえないため，事業者はこれらを行ってはならない。なお，不利益な取扱いの理由が労働者の心の健康に関する情報以外のものであったとしても，実質的にこれに該当するとみなされる場合には，当該不利益な取扱いについても，行ってはならない。

① 解雇すること。
② 期間を定めて雇用される者について契約の更新をしないこと。
③ 退職勧奨を行うこと。
④ 不当な動機・目的をもってなされたと判断されるような配置転換又は職位（役職）の変更を命じること。
⑤ その他の労働契約法等の労働関係法令に違反する措置を講じること。

（2）派遣先事業者による派遣労働者に対する不利益取扱いの防止

次に掲げる派遣先事業者による派遣労働者に対する不利益な取扱いについては，一般的に合理的なものとはいえないため，派遣先事業者はこれを行ってはならない。なお，不利益な取扱いの理由がこれ以外のものであったとしても，実質的にこれに該当するとみなされる場合には，当該不利益な取扱いについても行ってはならない。

① 心の健康に関する情報を理由とする派遣労働者の就業上の措置について，派遣元事業者からその実施に協力するよう要請があったことを理由として，派遣先事業者が，当該派遣労働者の変更を求めること。
② 本人の同意を得て，派遣先事業者が派遣労働者の心の健康に関する情報を把握した場合において，これを理由として，医師の意見を勘案せず又は当該派遣労働者の実情を考慮せず，当該派遣労働者の変更を求めること。

9 小規模事業場におけるメンタルヘルスケアの取組の留意事項

　常時使用する労働者が50人未満の小規模事業場では，メンタルヘルスケアを推進するに当たって，必要な事業場内産業保健スタッフが確保できない場合が多い。このような事業場では，事業者は，衛生推進者又は安全衛生推進者を事業場内メンタルヘルス推進担当者として選任するとともに，地域産業保健センター等の事業場外資源の提供する支援等を積極的に活用し取り組むことが望ましい。また，メンタルヘルスケアの実施に当たっては，事業者はメンタルヘルスケアを積極的に実施することを表明し，セルフケア，ラインによるケアを中心として，実施可能なところから着実に取組を進めることが望ましい。

10 定義

　本指針において，以下に掲げる用語の意味は，それぞれ次に定めるところによる。

① ライン

　　日常的に労働者と接する，職場の管理監督者（上司その他労働者を指揮命令する者）をいう。

② 産業医等

　　産業医その他労働者の健康管理等を行うのに必要な知識を有する医師をいう。

③ 衛生管理者等

　　衛生管理者，衛生推進者及び安全衛生推進者をいう。

④ 事業場内産業保健スタッフ

　　産業医等，衛生管理者等及び事業場内の保健師等をいう。

⑤ 心の健康づくり専門スタッフ

　　精神科・心療内科等の医師，精神保健福祉士，心理職等をいう。

⑥ 事業場内産業保健スタッフ等

　　事業場内産業保健スタッフ及び事業場内の心の健康づくり専門スタッフ，人事労務管理スタッフ等をいう。

⑦ 事業場外資源

　　事業場外でメンタルヘルスケアへの支援を行う機関及び専門家をいう。

⑧ メンタルヘルス不調

　　精神および行動の障害に分類される精神障害や自殺のみならず，ストレスや強い悩み，不安など，労働者の心身の健康，社会生活および生活の質に影響を与える可能性のある精神的および行動上の問題を幅広く含むものをいう。

⑨ ストレスチェック

　　労働安全衛生法第66条の10に基づく心理的な負担の程度を把握するための検査をいう。

⑩ ストレスチェック制度

　　ストレスチェック及びその結果に基づく面接指導の実施，集団ごとの集計・分析等，労働安全衛生法第66条の10に係る事業場における一連の取組全体をいう。

索　引

━━━ た 行 ━━━

索
引

メンタルヘルス・マネジメント検定試験のご案内

1　趣旨・目的

　メンタルヘルス・マネジメント検定試験は，産業保健の視点からだけでなく，人的資源の活性化，労働生産性の向上などの人事労務管理，企業の社会的責任（CSR）の推進の視点から，働く人たちの心の健康の保持増進を図ることを目的としています。

　メンタルヘルスケアの活動領域をその目的と対象によって区分した下図において，網がけされた部分を同検定試験の主たる対応領域とし，事業場内における役割に応じて必要とされるメンタルヘルスケアに関する知識や対処方法を問います。

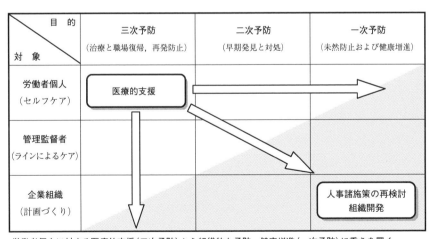

労働者個人に対する医療的支援（三次予防）から組織的な予防，健康増進（一次予防）に重きを置く。

2 コース別概要

　メンタルヘルス・マネジメント検定は，対象別にⅠ種（マスターコース），Ⅱ種（ラインケアコース），Ⅲ種（セルフケアコース）の３つのコースを設定しています。コース別の目的，到達目標，試験内容は次のとおりです。

コース	Ⅰ種(マスターコース)	Ⅱ種(ラインケアコース)	Ⅲ種(セルフケアコース)
対　　象	人事労務管理スタッフ，経営幹部	管理監督者（管理職）	一般社員
目　　的	社内のメンタルヘルス対策の推進	部門内，上司としての部下のメンタルヘルス対策の推進	組織における従業員自らのメンタルヘルス対策の推進
到達目標	自社の人事戦略・方針を踏まえたうえで，メンタルヘルスケア計画，産業保健スタッフや他の専門機関との連携，従業員への教育・研修等に関する企画・立案・実施ができる。	部下が不調に陥らないよう普段から配慮するとともに，部下に不調が見受けられた場合には安全配慮義務に則った対応を行うことができる。	自らのストレスの状況・状態を把握することにより，不調に早期に気づき，自らケアを行い，必要であれば助けを求めることができる。
試験内容	①企業経営におけるメンタルヘルス対策の意義と重要性 ②メンタルヘルスケアの活動領域と人事労務部門の役割 ③ストレスおよびメンタルヘルスに関する基礎知識 ④人事労務管理スタッフに求められる能力 ⑤メンタルヘルスケアに関する方針と計画 ⑥産業保健スタッフ等の活用による心の健康管理の推進 ⑦相談体制の確立 ⑧教育研修 ⑨職場環境等の改善	①メンタルヘルスケアの意義と管理監督者の役割 ②ストレスおよびメンタルヘルスに関する基礎知識 ③職場環境等の評価および改善の方法 ④個々の労働者への配慮 ⑤労働者からの相談への対応（話の聴き方，情報提供および助言の方法等） ⑥社内外資源との連携 ⑦心の健康問題をもつ復職者への支援の方法	①メンタルヘルスケアの意義 ②ストレスおよびメンタルヘルスに関する基礎知識 ③セルフケアの重要性 ④ストレスへの気づき方 ⑤ストレスへの対処，軽減の方法 ⑥社内外資源の活用

3 実施内容

　メンタルヘルス・マネジメント検定試験は，「公開試験」と「団体特別試験」の2形式で実施します。「公開試験」と「団体特別試験」の問題の水準は同等です。

形　式	公開試験			団体特別試験	
方　法	統一日に指定会場で実施			受験を申し込んだ企業・団体・学校が指定する日時，場所で実施（日本国内に限る）	
コース	Ⅰ種	Ⅱ種	Ⅲ種	Ⅱ種	Ⅲ種
受験資格	学歴・年齢・性別・国籍による制限なし			学歴・年齢・性別・国籍による制限なし。対象者は，受験を申し込んだ企業・団体・学校に所属している従業員・職員・学生。各コース原則10人以上で申し込むこと。	
試験構成 試験時間	選択問題： 2時間 論述問題： 1時間	選択問題：2時間			
合格基準	選択問題（100点満点）と論述問題（50点満点）の得点の合計が105点以上。但し，論述問題の得点が25点以上であること	100点満点で70点以上の得点			
受験料 （税込み）	11,550円	7,480円	5,280円	5,980円	4,220円

　試験日や受験申し込み期間・方法などの情報は，メンタルヘルス・マネジメント検定試験のウェブサイト（https://www.mental-health.ne.jp/）でご覧いただけます。

ご案内

【編　者】
大阪商工会議所
　1878年設立。商工会議所法に基づいて設立された地域総合経済団体。約3万の会員を擁し，大阪のみならず関西地域全体の発展を図る公共性の高い事業に取り組んでいる。企業の人材育成に資するため，各種検定試験を実施している。
　　URL=https://www.osaka.cci.or.jp/

テキスト編集委員会

（氏名五十音順，所属・役職名などは〔第5版〕発行時点）

〈委　員　長〉　川上　憲人　東京大学大学院　医学系研究科　精神保健学分野　教授
〈委　　　員〉　片桐　真吾　株式会社ユニオン　取締役管理本部長
　　　　　　　　髙橋　　修　宮城大学　事業構想学群　教授
　　　　　　　　田中　克俊　北里大学大学院　医療系研究科　産業精神保健学　教授
　　　　　　　　長見まき子　関西福祉科学大学　健康福祉学部　教授
　　　　　　　　秦　　周平　DEPT弁護士法人　弁護士
　　　　　　　　廣　　尚典　産業医科大学　名誉教授
　　　　　　　　松本　桂樹　株式会社ジャパンＥＡＰシステムズ　代表取締役

メンタルヘルス・マネジメント®検定試験公式テキスト〔第5版〕
[III種　セルフケアコース]

2006年 6 月 1 日	第1版第 1 刷発行	
2009年 6 月15日	第2版第 1 刷発行	
2013年 7 月10日	第3版第 1 刷発行	
2017年 6 月25日	第4版第 1 刷発行	
2021年 7 月20日	第5版第 1 刷発行	
2024年11月25日	第5版第15刷発行	

編　　者　　大阪商工会議所
発行者　　山　本　　　継
発行所　　㈱中央経済社
発売元　　㈱中央経済グループ
　　　　　　パブリッシング

〒101-0051　東京都千代田区神田神保町1-35
電　話　03 (3293) 3371 (編集代表)
　　　　03 (3293) 3381 (営業代表)
https://www.chuokeizai.co.jp
印刷／㈱堀 内 印 刷 所
製本／㈲井 上 製 本 所

© 大阪商工会議所，2021
Printed in Japan